U0137260

老子的正言若反、莊子的謬悠之說……

《鵝湖民國學案》正以

「非學案的學案」、「無結構的結構」、

「非正常的正常」、「不完整的完整」，

詭譎地展示出他又隱涵又清晰的微意。

曾昭旭教授推薦語

願台灣鵝湖書院諸君子能繼續「承天命，繼道統，立人倫，傳斯文」，綿綿若存，自強不息。蓋地方處士，原來國士無雙；行所無事，天下事，就這樣啓動了。

林安梧教授推薦語

喚醒人心的暖力，煥發人心的暖力，是當前世界的最大關鍵點所在，人類未來是否幸福，人類是否還有生存下去的欲望，最緊要的當務之急，全在喚醒並煥發人心的暖力！

王立新（深圳大學人文學院教授）

人們在徬徨、在躁動、在孤單、也在思考，希望從傳統文化中吸取智慧尋找答案；另一方面是割不斷的古與今，讓我們對傳統文化始終保有情懷與敬意！依然相信儒家仁、愛之說仍有益於當今世界。

王維生（廈門篔簹書院山長）

鵝湖民國學案

呂榮海 賴研 蕭新永 洪文東 周隆亨 潘俊隆 陳蕙娟 陳祖媛等35人 合著

老子的正言若反、莊子的謬悠之說……
《鵝湖民國學案》正以
「非學案的學案」、「無結構的結構」、
「非正常的正常」、「不完整的完整」，
詭譎地展示出他又隱涵又清晰的微意。

——曾昭旭教授推薦語

01 001

華夏出版

梵者，諸菩薩等所持三聚，具防三業，破見入理，方名實梵。

梵網經菩薩戒本彙解

網者，以喻菩薩戒相塵沙，微細差別，交雜出沒，屈曲難知，如網孔也。

李圓淨◎編著

梵網經菩薩戒本彙解目錄

凡例

一梵網古德疏解．蓮池發隱．釋智者之義疏．蕅益合註．補發隱之所缺．互爲詳略．學者咸宗。今茲釋經．兼採三家之說。

二合註釋此重輕戒法．例以十門明義。一隨文釋義．二性遮重輕．三七衆料簡．四大小同異．五善識開遮．六異熟果報．七觀心理解．八懺悔行法．九修證差別．十性惡法門。今本除隨文釋義．幷採義疏發隱．餘者均遵合註軌範．分別條列。

三蕅益大師云．戒相結罪重輕．一一本於大小經律．深思細擇．融會貫通．方敢組織成文．使其言簡意盡．並無片言隻字敢任私臆。今茲表解．蓋亦嚴守成規．絕不擅事更易．第以罪相之文．繁複紛雜．初學律者．融貫爲難．因是製表．易尋軌轍。（此屬第二門性遮重輕。今離爲二。結罪重輕．乃隸後半。性遮二業．則別與七衆料簡．大小同異．合列一表。）

四十門明義之中．除結罪重輕．善識開遮．異熟果報．以次列居諸戒釋經之後。（上篇）餘皆會列成表．俾便檢查。（下篇）

五合註凡例云．今乃只設大科．其餘子科．悉皆從略。是本偏明戒相．則諸戒經文．允宜加科．以故諸戒子科．更從發隱。

六或有私記所識．皆冠以案字而差別之。

七合註緣起略謂。智者大師疏此戒法，文約義廣。點示當年明律者則易開悟，今時之明律者則難。千有餘年久成秘典。蓮池和尚始從而爲之發隱，於義疏仍多闕疑之處，爰念夙因力薄，應須兼戒兼教，以自熏修，而毘尼一藏，細閱三番，梵網一經，奉爲日課。遂於發隱所闕之疑，渙然冰釋，卽上卷文古義幽，古人所稱不可句讀者，亦復妙旨泠然現前。因爲合註，以補前人之缺云。從知合註一書。的是學者津梁。不揣愚陋，更爲條理。區區之意，求便初學云爾。

梵網經菩薩戒本彙解序

李圓淨居士，近將智者大師梵網經義疏，及蓮池大師戒疏發隱，蕅益大師梵網合註，萃爲一編。並採擇罪相之繁重者，配列爲表。書成，題曰彙解。余方欣然而爲之序，乃有客問於余曰，今人謂梵網非佛說，而爲什師所肊誦者有諸。余曰，金剛光明寶戒爲諸佛心地，縱爲什師自說，又何傷於戒法之本體也哉。今之學者，往往自師蠡見，漫言疑僞，謂某史不足信，某書不足憑，有謂五帝三王無其事，無其人者，而殷墟甲骨，已爲之反證矣。是則本爲示其博，而適以見其陋也。治外學然，治內典者亦然。如謂楞嚴爲房融所託，起信爲賢首所撰，今之云梵網爲什師所誦者，乃藏衞扶桑之如是唱，國人之如是隨而已，豈確有所據而言耶。況學貴得本，理務得眞。譬之修齊治平之學。但論其治國之本是否由於齊家。乃至致知之道是否在於格物。而不必沾沾論其言之是否出於孔子者也。昔有以楞嚴眞僞求決於蓮池大師者。師云縱使他人能說此理。吾亦尊之爲佛語也。梵網亦然。但論其金剛光明寶戒是否爲一切佛本源一切菩薩本源佛性種子。而不必問其言之出於佛抑什師之口也。中土千百年來其聲聞戒法南山一宗發揮較爲詳備。獨大乘菩薩之尸羅波羅蜜散在諸經而乏纂輯成類之書。今諸方之賴以圓具三壇教授新學菩薩而延續甘露慧命者唯此梵網一經而已。焉能以一二附和狂解之輩遂忘其所學哉。問者釋然而退。余以圓淨居士所輯者法遵古疏表參新式煩簡得中結構清晰。即信手翻閱亦無義不抉無書不羅。俾學者不必考之他書質之師友而於心地戒品了然如示諸掌。上其翊贊法門之功嘉惠來學之益非算數譬喻可及也。故樂爲序之。

中華民國二十七年歲在著雍攝提格臯月望師奘沙門密林書於入我我入之齋

附白　凡例第五條謂諸戒子科更從發隱。故錄稿時重輕諸戒句讀亦據戒疏發隱。嗣依梵網合註排仿宋版經文。詳勘兩本文字悉符而句讀微異。時彙解紙版已成。因各仍其舊云。

梵網經菩薩戒本

姚秦三藏法師鳩摩羅什譯

爾時釋迦牟尼佛・從初現蓮華臺藏世界・東方來入天王宮中・說魔受化經已。下生南閻浮提・迦夷羅國。母名摩耶父字白淨吾名悉達七歲出家三十成道。號吾爲釋迦牟尼佛。於寂滅道場・坐金剛華光王座。乃至摩醯首羅天王宮。其中次第十住處所說。時佛觀諸大梵天王網羅幢・因爲說無量世界・猶如網孔。一一世界・各各不同・別異無量。佛教門亦復如是。吾今來此世界八千返。爲此娑婆世界・坐金剛華光王座・乃至摩醯首羅天王宮。爲是中一切大衆・略開心地法門竟。復從天王宮下至閻浮提菩提樹下。爲此地上一切衆生・凡夫癡暗之人。說我本盧舍那佛心地中・初發心中常所誦一戒。光明金剛寶戒。是一切佛本源・一切菩薩本源・佛性種子。一切衆生・皆有佛性。一切意識色心・是情是心・皆入佛性戒中。當當常有因故・當當常住法身。如是十波羅提木叉出於世界。是法戒是三世一切衆生頂戴奉持。吾今當爲此大衆重說無盡藏戒品。是一切衆生戒本源自性清淨。

我今盧舍那·　方坐蓮華臺。　周匝千華上·　復現千釋迦。
一華百億國·　一國一釋迦。　各坐菩提樹·　一時成佛道。
如是千百億·　盧舍那本身。　千百億釋迦·　各接微塵衆。
俱來至我所·　聽我誦佛戒·　甘露門卽開。　是時千百億·
還至本道場·　各坐菩提樹·　誦我本師戒·　十重四十八。
戒如明日月·　亦如瓔珞珠。　微塵菩薩衆　由是成正覺。
是盧舍那誦·　我亦如是誦。　汝新學菩薩·　頂戴受持戒。
受持是戒已　轉授諸衆生。　諦聽我正誦·　佛法中戒藏
波羅提木叉。　大衆心諦信·　汝是當成佛·　我是已成佛。
常作如是信　戒品已具足　一切有心者·　皆應攝佛戒
衆生受佛戒·　卽入諸佛位。　位同大覺已·　眞是諸佛子。

大衆皆恭敬。　至心聽我誦。

爾時。釋迦牟尼佛初坐菩提樹下。成無上正覺已。初結菩薩波羅提木叉。孝順父母師僧三寶。孝順至道之法。孝名爲戒。亦名制止。佛卽口放無量光明。是時百萬億大衆。諸菩薩十八梵天六欲天子十六大國王。合掌至心。聽佛誦一切諸佛大乘戒。佛告諸菩薩言。我今半月半月自誦諸佛法戒。汝等一切發心菩薩。乃至十發趣十長養十金剛十地諸菩薩亦誦。是故戒光從口出。有緣非無因故光。光非青黃赤白黑。非色非心。非有非無。非因果法。是諸佛之本源。行菩薩道之根本。是大衆諸佛子之根本。是故大衆諸佛子。應受持。應讀誦。應善學。佛子諦聽。若受佛戒者。國王。王子。百官。宰相。比丘。比丘尼。十八梵天。六欲天子。庶民。黃門。婬男。婬女。奴婢。八部鬼神。金剛神。畜生。乃至變化人。但解法師語。盡受得戒。皆名第一清淨者。佛告諸佛子言。有十重波羅提木叉。若受菩薩戒。不誦此戒者。非菩薩。非佛種子。我亦如是誦。一切菩薩已學。一切

菩薩當學。一切菩薩今學。已略說菩薩波羅提木叉相貌應當學・敬心奉持・

第一殺戒

佛言。若佛子。若自殺。教人殺。方便殺。讚歎殺。見作隨喜。乃至呪殺。殺因。殺緣。殺法。殺業。乃至一切有命者・不得故殺。是菩薩應起常住慈悲心・孝順心・方便救護一切衆生。而反自恣心快意殺生者・是菩薩波羅夷罪。

第二盜戒

若佛子。自盜。教人盜。方便盜。呪盜。盜因。盜緣。盜法。盜業。乃至鬼神有主劫賊物・一切財物・一針一草不得故盜。而菩薩應生佛性・孝順心慈悲心・常助一切人生福生樂。而反更盜人財物者・是菩薩波羅夷罪。

第三婬戒

若佛子。自婬。教人婬。乃至一切女人・不得故婬。婬因。婬緣。婬法。婬業。乃至畜生女・諸天鬼神女・及非道行婬。而菩薩應生孝順心・救度一切衆生・淨法與人。而反更起一切人婬・不擇畜生。乃至母女姊妹六親行婬・無慈悲心者・是菩薩波羅夷罪。

第四妄語戒

若佛子。自妄語。教人妄語。方便妄語。妄語因。妄語緣。妄語法。妄語業。乃至不見言見。見言不見。身心妄語。而菩薩常生正語正見。亦生一切衆生正語正見。而反更起一切衆生邪語邪見邪業者。是菩薩波羅夷罪。

第五酤酒戒

若佛子。自酤酒。教人酤酒。酤酒因。酤酒緣。酤酒法。酤酒業。一切酒不得酤。是酒起罪因緣。而菩薩應生一切衆生明達之慧。而反更生一切衆生顛倒之心者。是菩薩波羅夷罪。

第六說四衆過戒

若佛子。口自說出家在家菩薩。比丘比丘尼罪過。教人說罪過。罪過因。罪過緣。罪過法。罪過業。而菩薩聞外道惡人及二乘惡人說佛法中非法非律。常生慈心。教化是惡人輩。令生大乘善信。而菩薩反更自說佛法中罪過者。是菩薩波羅夷罪。

第七自讚毀他戒

若佛子。自讚毀他。亦教人自讚毀他。毀他因。毀他緣。毀他法。毀他業。而菩薩應代一切衆生受加毀辱。惡事向自己。好事與他人。若自揚己德。隱他人好事。令他人受毀者。是菩薩波羅夷罪。

若佛子。自慳教人慳。慳因慳緣。慳法慳業。而菩薩見一切貧窮人來乞者、隨前人所須、一切給與。而菩薩以惡心瞋心、乃至不施一錢、一針、一草、有求法者、不爲說一句、一偈、一微塵許法。而反更罵辱者、是菩薩波羅夷罪。

第九瞋心不受悔戒

若佛子。自瞋教人瞋。瞋因瞋緣。瞋法瞋業。而菩薩應生一切衆生善根無諍之事。常生慈悲心、孝順心。而反更於一切衆生中、乃至於非衆生中、以惡口罵辱。加以手打、及以刀杖、意猶不息。前人求悔、善言懺謝、猶瞋不解者、是菩薩波羅夷罪。

第十謗三寶戒

若佛子。自謗三寶、教人謗三寶。謗因謗緣。謗法謗業。而菩薩見外道及以惡人、一言謗佛音聲、如三百矛刺心。況口自謗、不生信心、孝順心、而反更助惡人、邪見人謗者、是菩薩波羅夷罪。

善學諸仁者。是菩薩十波羅提木叉、應當學。於中不應一一犯如微塵許、何況具足犯十戒。若有犯者、不得現身發菩提心。亦失國王位、轉輪王位。亦失比丘比丘尼位。亦失十發趣·十長養·十金剛·十地。佛性常住妙果·一切皆失。墮三惡道中·二劫三劫·不聞父母三寶名字。以是不應一一犯。汝等一切菩薩·今學·當學·已學·如是十戒·應當學·敬心奉持。八萬威儀品當廣明。

佛告諸菩薩言·已說十波羅提木叉竟。四十八輕今當說。

第一不敬師友戒

若佛子。欲受國王位時·受轉輪王位時·百官受位時·應先受菩薩戒。一切鬼神救護王身·百官之身·諸佛歡喜。既得戒已·生孝順心·恭敬心。見上座·和尚·阿闍黎·大德·同學·同見·同行者·應起承迎禮拜問訊。而菩薩反生憍心·慢心·癡心·瞋心·不起承迎禮拜·一一不如法供養。以自賣身國城男女七寶百物而供給之。若不爾者·犯輕垢罪。

第二飲酒戒

若佛子。故飲酒。而酒生過失無量。若自身手過酒器與人飲酒者·五百世無手·何況自飲。亦不得教一切人飲·及一切衆生飲酒·況自飲酒。一切酒不得飲。若故自飲·教人飲者·犯輕垢罪。

第三食肉戒

若佛子。故食肉。一切衆生肉不得食。夫食肉者・斷大慈悲佛性種子・一切衆生見而捨去・是故一切菩薩・不得食一切衆生肉・食肉得無量罪。若故食者・犯輕垢罪。

第四食五辛戒

若佛子。不得食五辛大蒜。茖葱。慈葱。蘭葱。興渠・是五辛・一切食中不得食。若故食者・犯輕垢罪。

第五不教悔罪戒

若佛子。見一切衆生犯八戒・五戒・十戒・毀禁七逆八難・一切犯戒罪・應教懺悔。而菩薩不教懺悔・同住同僧利養・而共布薩・一衆說戒・而不舉其罪・不教悔過者・犯輕垢罪。

第六不供給請法戒

若佛子。見大乘法師・大乘同學同見同行・來入僧坊舍宅城邑。若百里千里來者・卽起迎來送去・禮拜供養。日日三時供養・日食三兩金・百味飲食・牀座醫藥・供事法師・一切所須・盡給與之。常請法師・三時說法・日日三時禮拜。不生瞋心患惱之心・爲法滅身・請法不懈。若不爾者・犯輕垢罪。

第七不住聽法戒

若佛子。一切處有講法毘尼經律。大宅舍中有講法處。是新學菩薩・應持經律卷・至法師所・聽受諮問。若山林樹下・僧地房中・一切說法處・悉至聽受。若不至彼聽受諮問者・犯輕垢罪。

第八心背大乘戒

若佛子。心背大乘常住經律・言非佛說。而受持二乘聲聞・外道惡見・一切禁戒・邪見經律者・犯輕垢罪。

第九不看病戒

若佛子。見一切疾病人・常應供養・如佛無異。八福田中・看病福田・是第一福田。若父母師僧弟子病・諸根不具・百種病苦惱・皆供養令差。而菩薩以瞋恨心不看・乃至僧坊城邑・曠野・山林・道路中・見病不救濟者・犯輕垢罪。

第十畜殺具戒

若佛子。不得畜一切刀杖・弓箭・矛斧鬪戰之具・及惡網羅罥殺生之器・一切不得畜。而菩薩乃至殺父母・尚不加報・況殺一切衆生・不得畜殺衆生具。若故畜者・犯輕垢罪。

如是十戒・應當學・敬心奉持。下六度品中廣明。

第十一 國使戒

若佛子。不得爲利養惡心故·通國使命軍陣合會·興師相伐·殺無量衆生。而菩薩尚不得入軍中往來·況故作國賊·若故作者·犯輕垢罪。

第十二 販賣戒

若佛子。故販賣良人·奴婢·六畜。市易棺材板木·盛死之具。尚不應自作·況教人作。若故自作·教人作者·犯輕垢罪。

第十三 謗毀戒

若佛子。以惡心故·無事謗他良人·善人·法師·師僧·國王·貴人·言犯七逆十重。於父母兄弟六親中·應生孝順心·慈悲心。而反更加於逆害·墮不如意處者·犯輕垢罪。

第十四 放火焚燒戒

若佛子。以惡心故·放大火·燒山林曠野。四月乃至九月放火。若燒他人家屋·宅·城邑·僧坊·田木·及鬼神官物。一切有生物不得故燒。若故燒者·犯輕垢罪。

第十五 僻教戒

若佛子。自佛弟子·及外道惡人·六親·一切善知識·應一一教受持大乘經律。應教解義理·使發菩提心。十發趣心·十長養心·十金剛心。於三十心中·一一解其次第法用。而菩薩以惡心·瞋心·橫教二乘聲聞經律·外道邪見論等・犯輕垢罪。

第十六 為利倒說戒

若佛子。應好心先學大乘威儀經律・廣開解義味。見後新學菩薩・有從百里千里來求大乘經律。應如法為說一切苦行・若燒身・燒臂・燒指。若不燒身・臂・指・供養諸佛・非出家菩薩。乃至餓虎狼師子・一切餓鬼。悉應捨身肉手足而供養之。然後一一次第為說正法・使心開意解。而菩薩為利養故・應答不答。倒說經律文字・無前無後・謗三寶說者。犯輕垢罪。

第十七 恃勢乞求戒

若佛子。自為飲食錢財・利養・名譽故・親近國王・王子・大臣・百官。恃作形勢・乞索打拍牽挽・橫取錢物・一切求利・名為惡求・多求・教他人求・都無慈心・無孝順心者・犯輕垢罪。

第十八 無解作師戒

若佛子。應學十二部經。誦戒者・日日六時持菩薩戒。解其義理・佛性之性。而菩薩不解一句一偈及戒律因緣・詐言能解者。即為自欺誑・亦欺誑他人。一一不解・一切法不知。而為他人作師授戒者・犯輕垢罪。

第十九

若佛子。以惡心故・見持戒比丘・手捉香鑪・行菩薩行。而鬬遘兩頭・謗欺

兩舌戒

賢人・無惡不造者犯輕垢罪。

第二十不行放救戒

若佛子。以慈心故・行放生業。一切男子是我父。一切女人是我母。我生生無不從之受生。故六道衆生・皆是我父母。而殺而食者・卽殺我父母・亦殺我故身。一切地水是我先身。一切火風是我本體。故常行放生。生生受生・常住之法・教人放生。若見世人殺畜生時・應方便救護・解其苦難。常教化講說菩薩戒・救度衆生。若父母兄弟死亡之日・應請法師講菩薩戒經律福資亡者・得見諸佛・生人天上。若不爾者・犯輕垢罪。

如是十戒・應當學・敬心奉持・如滅罪品中廣明一一戒相。

第二十一瞋打報讎戒

若佛子。不得以瞋報瞋・以打報打。若殺父母兄弟六親・不得加報。若國主爲他人殺者・亦不得加報。殺生報生・不順孝道。尙不畜奴婢・打拍罵・辱日日起三業・口罪無量。況故作七逆之罪而出家菩薩無慈心報讎・乃至六親中故報者・犯輕垢罪。

第二十

若佛子。初始出家・未有所解・而自恃聰明有智。或恃高貴・年宿。或恃大

二憍慢不請法戒

姓高門．大解．大福．大富饒財七寶。以此憍慢．而不諮受先學法師經律。其法師者．或小姓年少卑門貧窮下賤．諸根不具．而實有德．一切經律盡解。而新學菩薩．不得觀法師種姓。而不來諮受法師第一義諦者．犯輕垢罪。

第二十三憍慢僻說戒

若佛子。佛滅度後．欲以好心受菩薩戒時。於佛菩薩形像前自誓受戒。當以七日佛前懺悔．得見好相便得戒．若不得好相．應二七．三七．乃至一年．要得好相。得好相已．便得佛菩薩形像前受戒。若不得好相．雖佛像前受戒．不名得戒。若先受菩薩戒法師前受戒時．不須要見好相。何以故。是法師師師相授．故不須好相。是以法師前受戒時．即得戒．以生至重心故．便得戒。若千里內無能授戒師．得佛菩薩形像前自誓受戒．而要見好相。若法師自倚解經律．大乘學戒。與國王．太子．百官以爲善友。而新學菩薩．來問若經義．律義．輕心．惡心．慢心．不一一好答問者．犯輕垢罪。

第二十四不習學佛戒

若佛子。有佛經律大乘法・正見・正性・正法身。而不能勤學修習・而捨七寶。反學邪見二乘・外道俗典・阿毘曇雜論・一切書記。是斷佛性・障道因緣・非行菩薩道者。若故作者・犯輕垢罪。

第二十五不善知衆戒

若佛子。佛滅度後・爲說法主・爲行法主・爲僧坊主・敎化主・坐禪主・行來主。應生慈心・善和鬪諍。善守三寶物・莫無度用・如自己有。而反亂衆鬪諍・恣心用三寶物者・犯輕垢罪。

第二十六獨受利養戒

若佛子。先在僧坊中住・後見客菩薩比丘來入僧坊・舍宅城邑。若國王宅舍中・乃至夏坐安居處・及大會中。先住僧應迎來送去・飲食供養・房舍・臥具・繩牀・木牀・事事給與。若無物・應賣自身及男女身・割自身肉賣・供給所須・悉以與之。若有檀越來請衆僧・客僧有利養分・僧坊主應次第差客僧受請。而先住僧獨受請・而不差客僧者・僧坊主得無量罪・畜生無異・非沙門・非釋種姓・犯輕垢罪。

第二十

若佛子。一切不得受別請利養入己。而此利養屬十方僧。而別受請・卽

七受別請戒

是取十方僧物入己。及八福田中諸佛聖人・一一師僧父母病人物・自己用故・犯輕垢罪。

第二十八別請僧戒

若佛子。有出家菩薩・在家菩薩・及一切檀越・請僧福田求願之時。應入僧坊問知事人・今欲請僧求願。知事報言・次第請者・卽得十方賢聖僧。而世人別請五百羅漢菩薩僧・不如僧次一凡夫僧。若別請僧者・是外道法。七佛無別請法・不順孝道。若故別請僧者・犯輕垢罪。

第二十九邪命戒

若佛子。以惡心故・爲利養販賣男女色・自手作食・自磨自舂。占相男女・解夢吉凶・是男是女。呪術工巧・調鷹方法・和合百種毒藥・千種毒藥・蛇毒生金銀毒蠱毒・都無慈愍心・無孝順心。若故作者・犯輕垢罪。

第三十經理白衣戒

若佛子。以惡心故・自身謗三寶・詐現親附・口便說空・行在有中。經理白衣・爲白衣通致男女交會婬色・作諸縛著。於六齋日・年三長齋月・作殺生劫盜破齋犯戒者・犯輕垢罪。

如是十戒・應當學・敬心奉持・制戒品中廣明。

第三十一不行救贖戒

佛言。佛子・佛滅度後・於惡世中。若見外道・一切惡人・劫賊・賣佛菩薩父母形像・及賣經律。販賣比丘・比丘尼・亦賣發菩提心菩薩道人。或爲官使・與一切人作奴婢者。而菩薩見是事已・應生慈悲心・方便救護。處處教化。取物贖佛菩薩形像・及比丘・比丘尼・發心菩薩・一切經律。若不贖者・犯輕垢罪。

第三十二損害衆生戒

若佛子。不得販賣刀杖弓箭・畜輕秤小斗。因官形勢・取人財物。害心繫縛・破壞成功。長養猫狸猪狗。若故養者・犯輕垢罪。

第三十三邪業覺觀戒

若佛子。以惡心故・觀一切男女等鬬・軍陣兵將劫賊等鬬。亦不得聽吹貝鼓角・琴瑟箏笛箜篌・歌叫妓樂之聲。不得摴蒲・圍棊・波羅塞戲・彈棊・六博・拍毱・擲石投壺・牽道八道行城。爪鏡・蓍草・楊枝・鉢盂・髑髏而作卜筮。不得作盜賊使命。一一不得作。若故作者・犯輕垢罪

第三十四暫離菩提心戒

若佛子。護持禁戒・行住坐臥、日夜六時讀誦是戒・猶如金剛。如帶持浮囊・欲度大海。如草繫比丘。常生大乘善信・自知我是未成之佛・諸佛是

已成之佛。發菩提心·念念不去心。若起一念二乘外道心者·犯輕垢罪。

第三十五不發願戒

若佛子。常應發一切願·孝順父母師僧·願得好師同學善知識·常教我大乘經律。十發趣。十長養。十金剛。十地使我開解·如法修行·堅持佛戒·寧捨身命·念念不去心。若一切菩薩不發是願者。犯輕垢罪。

第三十六不發誓戒

若佛子。發是十大願已。持佛禁戒·作是誓言。寧以此身投熾然猛火·大坑刀山。終不毀犯三世諸佛經律·與一切女人作不淨行。復作是願·寧以熱鐵羅網千重周匝纏身。終不以此破戒之身·受於信心檀越一切衣服。復作是願·寧以此口吞熱鐵丸·及大流猛火經百千劫。終不以此破戒之口·食於信心檀越百味飲食。復作是願。寧以此身臥大流猛火·羅網熱鐵地上。終不以此破戒之身·受於信心檀越百種牀座。復作是願。寧以此身受三百矛刺身·經一劫二劫。終不以此破戒之身·受於信心檀越百味醫藥。復作是願·寧以此身投熱鐵鑊·經百千劫。終不以此破戒之身·受於信心檀越千種房舍屋宅園林田地。復作是願·寧以鐵鎚打碎此身・從頭至足・令如微塵。終不以此破戒之身・受於信心檀越恭敬禮拜。復作是願。寧以百千熱鐵刀矛・挑其兩目。終不以此破戒之心視他好色。復作是願。寧以百千鐵錐・劖刺耳根・經一劫二劫。終不以此破戒之心・聽好音聲。復作是願。寧以百千刃刀・割去其鼻。終不以此破戒之心・貪嗅諸香。復作是願。寧以百千刃刀・割斷其舌。終不以此破戒之心・食人百味淨食。復作是願。寧以利斧・斬破其身。終不以此破戒之心・貪著好觸。復作是願。願一切衆生・悉得成佛。而菩薩若不發是願者・犯輕垢罪。

第三十七冒難遊行戒

若佛子。常應二時頭陀。冬夏坐禪・結夏安居。常用楊枝・澡豆・三衣・缾・鉢・坐具・錫杖香鑪奩漉水囊・手巾刀子・火燧鑷子・繩牀・經律・佛像・菩薩形像。而菩薩行頭陀時・及遊方時。行來百里千里・此十八種物・常隨其身。頭陀者。從正月十五日・至三月十五日。八月十五日・至十月十五日。是二時中・此十八種物・常隨其身・如鳥二翼。若布薩日・新學菩薩半月半月常布薩・誦十重四十八輕戒。若誦戒時・當於諸佛菩薩形像前誦一人布薩・卽一人誦。若二人三人至百千人・亦一人誦。誦者高座・聽者下座。各各披九條七條五條袈裟。若結夏安居時・亦應一一如法。若行頭陀時・莫入難處。若惡國界。若惡國王。土地高下・草木深邃。師子虎狼・水火風難。及以劫賊・道路毒蛇。一切難處・悉不得入。頭陀行道・乃至夏坐安居。是諸難處・皆不得入。若故入者・犯輕垢罪。

第三十八乖尊卑次第戒

若佛子。應如法次第坐。先受戒者在前坐。後受戒者在後坐。不問老少。比丘比丘尼。貴人・國王王子。乃至黃門・奴婢。皆應先受戒者在前坐。後受戒者次第而坐。莫如外道癡人・若老若少・無前無後。坐無次第・如兵奴之法。我佛法中・先者先坐・後者後坐。而菩薩一一不如法次第坐者・犯輕垢罪。

第三十九不修福慧戒

若佛子。常應教化一切衆生・建立僧坊・山林園田・立作佛塔。冬夏安居坐禪處所。一切行道處・皆應立之。而菩薩應爲一切衆生・講說大乘經律。若疾病·國難·賊難。父母·兄弟·和尚·阿闍梨亡滅之日·及三七日·四五七日·乃至七七日。亦應講說大乘經律。一切齋會求願·行來治生。大火所燒·大水所漂。黑風所吹船舫·江湖大海羅剎之難。亦讀誦講說此經律。乃至一切罪報·三惡·八難·七逆。杻械枷鎖繫縛其身。多婬·多瞋·多愚癡·多疾病。皆應講此經律。而新學菩薩若不爾者·犯輕垢罪。

如是九戒·應當學·敬心奉持。梵壇品當廣明。

第四十揀擇受戒戒

若佛子。與人受戒時·不得揀擇。一切國王·王子·大臣·百官·比丘·比丘尼·信男·信女·婬男·婬女·十八梵天·六欲天子·無根·二根·黃門·奴婢·一切鬼神·盡得受戒。應教身所著袈裟·皆使壞色·與道相應。皆染使青·黃·赤·黑·紫色·一切染衣·乃至臥具·盡以壞色。身所著衣·一切染色。若一切國土中國人·所著衣服·比丘皆應與其俗服有異。若欲受戒時·師應問言·汝現身不作七逆罪不·菩薩法師·不得與七逆人現身受戒。七逆者·出佛身血·殺父·殺母·殺和尚·殺阿闍梨·破羯磨轉法輪僧·殺聖人·若具七逆·

即現身不得戒。餘一切人盡得受戒。出家人法．不向國王禮拜．不向父母禮拜。六親不敬．鬼神不禮。但解法師語．有百里千里來求法者。而菩薩法師以惡心瞋心．而不即與授一切衆生戒者．犯輕垢罪。

若佛子。教化人起信心時．菩薩與他人作教誡法師者。見欲受戒人．應教請二師．和尚阿闍梨。二師應問言。汝有七遮罪不。若現身有七遮罪者．師不應與受戒。若無七遮者．得與受戒。若有犯十戒者．應教懺悔。在佛菩薩形像前．日夜六時．誦十重四十八輕戒。苦到禮三世千佛．得見好相。若一七日．二三七日．乃至一年．要見好相。好相者．佛來摩頂．見光見華．種種異相．便得滅罪。若無好相．雖懺無益。是人現身亦不得戒．而得增益受戒。若犯四十八輕戒者．對首懺悔．罪便得滅．不同七遮。而教誡師於是法中．一一好解。若不解大乘經律．若輕若重．是非之相。不解第一義諦。習種性．長養性．性種性．不可壞性．道種性．正法性。其中多少觀行出入。十禪支．一切行法。一一不得此法中意。而菩薩爲利養故．爲

第四十一爲利作師戒

名聞故。惡求多求、貪利弟子。而詐現解一切經律、爲供養故。是自欺詐、亦欺詐他人。故與人授戒者、犯輕垢罪。

第四十二爲惡人說戒

若佛子。不得爲利養故、於未受菩薩戒者前、若外道惡人前、說此千佛大戒。邪見人前、亦不得說、除國王、餘一切不得說。是惡人輩、不受佛戒、名爲畜生。生生之處、不見三寶。如木石無心、名爲外道。邪見人輩、木頭無異。而菩薩於是惡人前、說七佛教戒者、犯輕垢罪。

第四十三故起犯戒心

若佛子。信心出家、受佛正戒、故起心毀犯聖戒者、不得受一切檀越供養。亦不得國王地上行。不得飲國王水。五千大鬼、常遮其前。鬼言大賊。若入房舍城邑宅中、鬼復常掃其腳迹。一切世人、皆罵言佛法中賊。一切衆生、眼不欲見。犯戒之人、畜生無異、木頭無異。若故毀正戒者、犯輕垢罪。

第四十四不供養經典戒

若佛子。常應一心受持讀誦大乘經律。剝皮爲紙、刺血爲墨、以髓爲水、析骨爲筆、書寫佛戒。木皮穀紙、絹素竹帛、亦悉書持。常以七寶無價香華·一切雜寶爲香囊·盛經律卷。若不如法供養者犯輕垢罪。

第四十五不化衆生戒

若佛子。常起大悲心。若入一切城邑舍宅·見一切衆生。應當唱言。汝等衆生·盡應受三歸十戒·若見牛馬猪羊一切畜生。應心念口言·汝是畜生·發菩提心。而菩薩入一切處山林川野·皆使一切衆生發菩提心。是菩薩若不發教化衆生心者·犯輕垢罪。

第四十六說法不如法戒

若佛子。常應教化·起大悲心。若入檀越貴人家一切衆中·不得立爲白衣說法。應在白衣衆前·高座上坐。法師比丘·不得地立爲四衆說法。若說法時·法師高座·香華供養。四衆聽者下坐。如孝順父母敬順師教。如事火婆羅門。其說法者若不如法說·犯輕垢罪。

第四十七非法制限戒

若佛子。皆已信心受佛戒者。若國王·太子·百官·四部弟子自恃高貴·破滅佛法戒律。明作制法·制我四部弟子·不聽出家行道。亦復不聽造立形像·佛塔·經律。立統官制衆·使安籍記僧。菩薩比丘地立。白衣高座。廣行非法·如兵奴事主。而菩薩正應受一切人供養。而反爲官走使·非法非律。若國王百官好心受佛戒者・莫作是破三寶之罪。若故作破法者・犯輕垢罪。

第四十八破法戒

若佛子。以好心出家。而爲名聞利養。於國王百官前・說佛戒者。橫與比丘・比丘尼・菩薩戒弟子・作繫縛事。如獄囚法。如兵奴之法。如師子身中蟲自食師子肉・非餘外蟲。如是佛子自破佛法・非外道天魔能破。若受佛戒者・應護佛戒。如念一子・如事父母・不可毀破。而菩薩聞外道惡人・以惡言謗破佛戒之聲・如三百矛刺心・千刀萬杖打拍其身・等無有異。寧自入地獄・經於百劫・而不一聞惡人以惡言謗破佛戒之聲。而況自破佛戒・教人破法因緣・亦無孝順之心。若故作者・犯輕垢罪。

如是九戒・應當學・敬心奉持。

諸佛子。是四十八輕戒・汝等受持。過去諸菩薩已誦。未來諸菩薩當誦。現在諸菩薩今誦。

諸佛子聽・十重四十八輕戒・三世諸佛已誦・當誦・今誦。我今亦如是誦。

汝等一切大衆，若國王，王子，百官，比丘，比丘尼，信男，信女，受持菩薩戒者。應受持，讀誦，解說，書寫佛性常住戒卷，流通三世一切衆生。化化不絕，得見千佛，佛佛授手。世世不墮惡道八難。常生人道天中。我今在此樹下，略開七佛法戒。汝等大衆，當一心學波羅提木叉，歡喜奉行。如無相天王品勸學中，一一廣明。三千學士時坐聽者，聞佛自誦心心頂戴，歡喜受持。

爾時釋迦牟尼佛，說上蓮華臺藏世界，盧舍那佛所說心地法門品中，十無盡戒法品竟。千百億釋迦亦如是說。從摩醯首羅天王宮，至此道樹下。十住處說法品，爲一切菩薩不可說大衆，受持，讀誦，解說其義亦如是。千百億世界，蓮華藏世界，微塵世界。一切佛心藏，地藏，戒藏，無量行願藏，因果佛性常住藏，如是一切佛說無量一切法藏竟。千百億世界中，一切衆生，受持歡喜奉行。若廣開心地相相，如佛華光王七行品中說。（合註云微塵世界下闕亦如是說四字）

明人忍慧強・能持如是法。未成佛道間・安獲五種利。
一者十方佛・憫念常守護。二者命終時・正見心歡喜。
三者生生處・爲諸菩薩友。四者功德聚・戒度悉成就。
五者今後世・性戒福慧滿。此是諸佛子。智者善思量。
計我著相者・不能生是法。滅壽取證者・亦非下種處。
欲長菩提苗・光明照世間。應當靜觀察・諸法眞實相。
不生亦不滅。不常復不斷。不一亦不異。不來亦不去。
如是一心中・方便勤莊嚴。菩薩所應作・應當次第學。
於學於無學・勿生分別想。是名第一道・亦名摩訶衍。
一切戲論惡・悉從是處滅。諸佛薩婆若・悉由是處出。
是故諸佛子・宜發大勇猛。於諸佛淨戒・護持如明珠。
過去諸菩薩・已於是中學。未來者當學。現在者今學。
此是佛行處・聖主所稱歎。我已隨順說・福德無量聚。
迴以施衆生・共向一切智。願聞是法者・悉得成佛道。

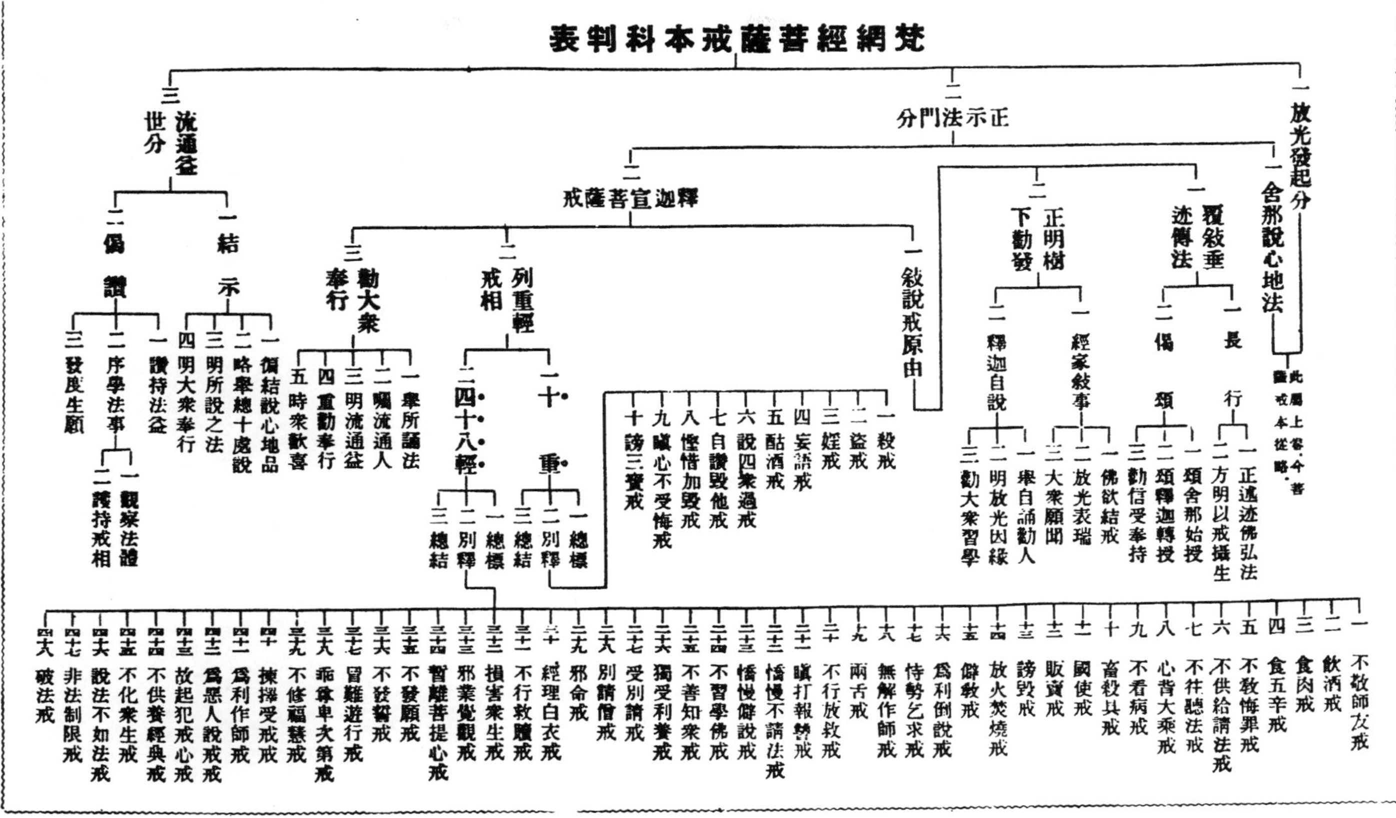
梵網經菩薩戒本科判表
一 放光發起分
二 正示法門分
一 舍那說心地法
此屬上卷，今書戒本從略。
一 覆敘垂迹傳法
一 長行
一 正述迹佛弘法
二 方明以戒攝生
二 偈頌
一 頌舍那始授
二 頌釋迦轉授
三 勸信受奉持
二 正明樹下勸發
一 經家敘事
一 佛欲結戒
二 放光表瑞
三 大衆願聞
二 釋迦自說
一 舉自誦勸人
二 明放光因緣
三 勸大衆習學
二 釋迦宣菩薩戒
一 敘說戒原由
二 列重輕戒相
一 十重
一 總標
二 別釋
三 總結
一 殺戒
二 盜戒
三 婬戒
四 妄語戒
五 酤酒戒
六 說四衆過戒
七 自讚毀他戒
八 慳惜加毀戒
九 瞋心不受悔戒
十 謗三寶戒
二 四十八輕
一 總標
二 別釋
三 總結
三 勸大衆奉行
一 舉所誦法
二 囑流通人
三 明流通益
四 重勸奉行
五 時衆歡喜
三 流通益世分
一 結示
一 偈結說心地品
二 略舉總十處說
三 明所說之法
四 明大衆奉行
二 偈讚
一 讚持法益
二 序學法事
一 觀察法體
二 護持戒相
三 發度生願
一 不敬師友戒
二 飲酒戒
三 食肉戒
四 食五辛戒
五 不教悔罪戒
六 不供給請法戒
七 不往聽法戒
八 心背大乘戒
九 不看病戒
十 畜殺具戒
十一 國使戒
十二 販賣戒
十三 謗毀戒
十四 放火焚燒戒
十五 僻教戒
十六 為利倒說戒
十七 恃勢乞求戒
十八 無解作師戒
十九 兩舌戒
二十 不行放救戒
二十一 瞋打報讎戒
二十二 憍慢不請法戒
二十三 憍慢僻說戒
二十四 不習學佛戒
二十五 不善知衆戒
二十六 獨受利養戒
二十七 受別請戒
二十八 別請僧戒
二十九 邪命戒
三十 經理白衣戒
三十一 不行救贖戒
三十二 損害衆生戒
三十三 邪業覺觀戒
三十四 暫離菩提心戒
三十五 不發願戒
三十六 不發誓戒
三十七 冒難遊行戒
三十八 乖尊卑次第戒
三十九 不修福慧戒
四十 揀擇受戒戒
四十一 為利作師戒
四十二 為惡人說戒戒
四十三 故起犯戒心戒
四十四 不供養經典戒
四十五 不化衆生戒
四十六 說法不如法戒
四十七 非法制限戒
四十八 破法戒

梵網經菩薩戒本彙解上篇

李圓淨和南謹編

佛說梵網經菩薩心地品合註科判。分二。初玄義、二入文。（甲）次入文分三。初放光發起分、二正示法門分。三流通益世分。（乙）次正示法門分分二。初舍那說心地法。二釋迦宣菩薩戒。——今此梵網經菩薩戒本。即屬第二釋迦宣菩薩戒也。（梵網經菩薩心地品下卷）（丙）次釋迦宣菩薩戒分三。初敘說戒原由。二列重輕戒相。三勸大衆奉行。（丁）初敘說戒原由分二。初覆敘垂迹傳法。二正明樹下勸發（戊）初覆敘垂迹傳法分二。初長行。次偈頌。（己）初長行分二。初正述迹佛弘法。二方明以戒攝生。

（庚）初正述迹佛弘法

爾時釋迦牟尼佛、從初現蓮華臺藏世界、東方來入天王宮中、說魔受化經已。下生南閻浮提迦夷羅國。母名摩耶。父字白淨。吾名悉達。七歲出家。三十成道。號吾為釋迦牟尼佛。於寂滅道場。坐金剛華光王座。乃至摩醯首羅天王宮。其中次第十住處所說。時佛觀諸大梵天王網羅幢、因為說無量世界、猶如網孔。一一世界、各各不同、別異無量。佛教門

亦復如是。吾今來此世界八千返。爲此娑婆世界，坐金剛華光王座，乃至摩醯首羅天王宮。爲是中一切大衆，略開心地法門竟。

【合註】從初現蓮華臺藏世界者。指上卷初於四禪天中放光徹照，乃至擊接還歸事也。東方來入天王宮者。謂既秉受心地法門，入體性虛空華光三昧，卽於三昧之中，還來此土摩醯首羅天王宮中，此土在華藏之東，故云東方來入也。說魔受化經者，別爲通教利根示現，於第四禪天降魔，已竟方更下生。如玄義中所明（合註卷首）。不同三藏所見直至樹下方降魔也。摩耶，具云摩訶摩耶。此翻大術，或翻大幻，謂以大願智幻法門，爲如來母也。悉達，具云薩婆悉達，此翻頓吉，以太子生時，諸吉祥瑞皆悉具，故七歲出家，猶言出家七歲，謂初出家時，先學不用處定，不久得證，知非究竟，次學非非想定，又不久得證，知其亦非究竟，次復遊行諸國，凡經一年，次更苦行六年，至年三十乃成正覺，齊此以前，皆是體性虛空華光三昧中事，示成佛已，名爲從三昧出，卽坐金剛華光王座，及妙光堂說十世界海，次復徧歷忉利、夜摩、兜率、化樂、他化、初禪、二禪、三禪及摩醯宮，共有十箇住處，說於十種法門，說法已周，更爲說喩，令知所被之機，能被之教，皆如梵網，皆不出於心地法門也。（發隱）觀諸梵網者。正經所由名。觀梵網萬目重重，各異無量。因知佛世界亦如是，各異無量也。因知佛教化亦如是，各異無量也。千百億國，有千百億釋迦，宣揚佛化。故名梵網也。寂滅道場，卽菩提道場，菩提是智，寂滅是理。由坐此處。以菩提智。證寂滅理。故名爲菩提道場。亦名寂滅道場。來此世界八千返者。特指示成正覺之事。非謂其餘化身。如玄義中已明。（發隱）嗟惟世尊之爲衆生也。悲願宏深。度化無盡。追思返此。歷數八千。且人臣覲君咫尺。尚有常期。明主巡狩國中。猶稽年載。今乃經世界之無量。勞往返於萬週。不爲自求。憫我等故。云何我等覩此大恩。恬不知報。良可悲夫。略開心地法門竟者。結指上文。

（庚）二方明以戒攝生

復從天王宮。下至閻浮提菩提樹下。爲此地上一切衆生凡夫癡暗之人。說我本盧舍那佛心地中初發心中常所誦一戒。光明金剛寶戒。是一切佛本源。一切菩薩本源。佛性種子。一切衆生皆有佛性。一切意識色心。是情是心。皆入佛性戒中。當當常有因故。當當常住法身。如是十波羅提木叉。出於世界。是法戒。是三世一切衆生頂戴奉持。吾今當爲此大衆。重說無盡藏戒品。是一切衆生戒本源自性清淨。

合註 十會既畢。隨說戒品者。以此住行向地等一切微妙法門。雖人人性具。而沈迷日久。方坐癡暗之地。何由得入。然雖癡暗凡夫。亦自有入門方便。只恐不發心耳。只如盧舍那佛本亦曾爲癡暗凡夫。但初始發心。便受戒品。受戒之後。便常誦習。所以克證心地法門。直至成佛、皆以此一戒爲最勝因緣。此戒是古先諸佛展轉相傳、非是創立。卽是第一最上微妙之戒。破諸黑暗名爲光明。摧諸煩惱、喻若金剛。廣具一切功德法財、目之爲寶。又照一切法、名爲光明。攝善戒也。體是無漏、名爲金剛。律儀戒也。濟物利用、名之爲寶。攝生戒也。蓋不惟舍那由此成佛。舉凡一切諸佛、無不以此戒爲本源。一切菩薩、亦無不以此戒爲本源。以離此戒、則三十心十地法門、皆不成就。乃至佛地一切功德、亦不成就故也。佛性種子者。此戒本以正因佛性爲種子。起信所謂以知法性無染汙故、隨順修行尸波羅密、而緣了佛性。又以此戒爲種子。涅槃所謂一切衆生、雖有佛性、要因持戒、然後乃見。因見佛性、乃成阿耨多羅三藐三菩提也。一切衆生、旣皆有佛性、佛性徧一切法。則若意若識若色若心、但凡是情是心、無不入於佛性戒中。此戒的的是常有眞因、此戒的的是常住法身妙果。如是十波羅提木叉出於世界。普被羣機、故此法戒。乃三世一切衆生、皆應頂戴受持者也。(發隱)一切衆生戒者、此戒上傳千佛、下被羣生。僧俗同歸、鬼畜得與。非如聲聞戒之局也。思量名意、別指第七。了別名識、別指前六。集起名心、別指第八。五根四大名色。是情者、揀非無情。是心者、揀非無心。謂除非木石無心、不堪受戒。但有心者、皆有佛性。有佛性者、卽入佛性戒中。以此妙戒、全依佛性理體所起。還復開顯佛性、莊嚴佛性。故名佛性戒也。當當猶言的的、確確。旣是全性所起、的是常有眞因。旣由此開顯莊嚴佛性、的是常住法身妙果。所謂十無盡戒、一切戒之根本。保任行人、到解脫岸、故名波羅提木又。此戒卽是無盡之藏。由於本源自性淸淨爲所依體。乃成無作妙戒體故。（發隱）無盡藏者。此戒含攝無盡。寶之則無量戒法皆具足也。本源自性者。此戒是佛菩薩之本源。本源者。卽一切衆生固然之自性也。性本淸淨。無有汙染。此戒乃復其本淨之體。非有加於自性之外也。

【發隱】問。座起不起。雖殊皆明釋迦應身說法。但華嚴言釋迦以境本定身現起舍那。此經言舍那說。釋迦受。則先有舍那。後授釋迦。舍那又非釋迦現起者矣。二說差異。云何會通。答。釋迦證淸淨法身。及報應身。而法身無形。報身有象。故現起舍那說此戒法。復以應身流布無盡。是知據迹則華嚴乃釋迦現起舍那。梵網又舍那授法釋迦。原本則釋迦舍那雖交相現授。而法身則本自常定。未嘗動也。要之佛證三身。非三非一。常一常三。可後可先。誰先誰後。不可思議者也。何言其異。專言十重。舉重以攝輕也。出於世界者。世所難値。而今出焉。宜生慶幸。毋空過也。重說者。戒爲道本。不厭頻宣。故諸佛半月自誦。宣公十遍爲期。今之重說。未爲多也。

【合註】出此無作戒體。復爲三意。初正出無作律儀。二兼明定道二戒。三更明三聚戒法。

初正出無作律儀者。天台師云。戒體者不起而已。起卽性無作假色。磐公釋云。謂此戒體不起則已。起則全性而性修交成。必有無作假色。假色者。性必假色法以爲表見也。無作一發。任運止惡。任運行善。不俟再作。故名無作。△此菩薩無作律儀。應以七句勝義而詮顯之。一者本源淸淨以爲其性。二者增上善心以爲其因。三者三種勝境以爲其緣。四者三番羯磨以爲其體。五者無漏妙色以顯其相。六者、極至佛果以爲其期。七者、妙極法身以爲其果。

一、清淨爲性者。所謂諸法眞實之相、不生不滅不常不斷等、乃此戒所依之理體也。

二、增上因心者。所謂發菩提心、被四弘鎧。上求下化、情期極果。又須別圓二教初心、乃感此戒。若藏通二教之心、不能發此無上戒也。

三、勝境爲緣者。瓔珞經云、諸佛菩薩現在前受、名上品戒。菩薩法師前受、名中品戒。千里無師、於經像前自誓而受、名下品戒。自誓受戒、復有不同。此經卽須得見好相。瓔珞地持、皆惟貴發菩提心、或重內因、或重外緣。各有所以、須自審量耳。

四、從羯磨得者。磐公云、初番羯磨時、十方世界妙善戒法、由心業力、悉皆震動。二番羯磨時、十方世界妙善戒法、如雲如蓋、覆行人頂。三番羯磨時、十方世界妙善戒法、從行人頂門流入身心。充滿正報、盡未來際、永爲佛種。義疏云、大乘所明戒是色聚。憑師一受、遠至菩提、隨定隨道。誓修諸善、誓度含識、以情期極果。此心力大、別發戒善、爲行者所緣、止息諸惡。涅槃經念戒中云、雖無形色、而可護持、雖無觸對、善修方便、可令具足。故知別有此無作體、從羯磨得。若自誓受者、亦從三白時得、或從見好相時得也。

五、無漏色相者。謂初受戒竟、卽於法界有情邊得不殺色。於法界情非情邊得不盜色。於法界有情邊得不婬色。於法界有情邊得不妄語色。乃至於法界有情邊得不瞋色。於法界三寶邊得不謗色。又衆輕戒中、於法界師友邊得不慢色。於法界酒得不飲色。於法界肉得不食色。乃至於法界法門得不破壞色·此不殺不盜等法·雖無形相可見·而借色表顯。所謂非眼處色·是法處色。又殺盜等是有漏法·不殺等卽無漏法·故名無漏色法。是以未受戒時·雖殺盜等事·未必念念徧造。而十方世界·無非我殺盜婬妄之場。十方有情·無非我殺盜婬妄所行之境。甫受戒已·則十方世界·無非我慈良淸直之地。十方有情·無非我慈良淸直所被之機。故一念中成就無漏微妙善色·一一徧於法界。一切諸念亦復如是。名爲無盡戒品。不亦宜乎。

六·佛果爲期者、瓔珞經云。從今身至佛身·於其中間不得故殺生。乃至不得故謗三寶藏。菩薩戒羯磨文云。若諸菩薩·雖復轉身徧十方界。在在生處·不捨菩薩淨戒律儀。設轉受餘生·忘失本念。値遇善友·爲欲覺悟菩薩戒念。雖數重受·而非新受·亦不新得。不同其餘戒法·惟以盡壽爲期也。

七·妙極法身果者。據謂方便求受·其體則與至佛乃廢。以佛果位中·諸惡永淨·更無可止。萬善圓極·更無可行。持犯兩忘·故名爲廢。然此無作戒體。旣是全性起修·寧不全修在性。旣全在性·那可論廢。又旣是無漏色法·卽是諸佛究竟常色·又安可廢。若戒體可廢·定慧解脫解脫知見亦應可廢。又盧舍那名淨滿。惡無不淨·善無不滿。正是究竟戒體。故曰惟佛一人持淨戒·其餘皆名破戒者。又豈有廢。然此戒體·雖至佛地乃稱究竟。而初心所受更無異體、故曰。若人受佛戒·卽入諸佛位。以與三世諸佛同一戒體故也。如太子初生·卽入王位。位同於王·眞是王子。雖治國平天下事尙未諳練·不得言其非是王種。菩薩受戒·亦復如是。頓同諸佛戒體·名眞佛子。雖定慧解脫力無畏不共法等。尙未修習·不得言其非是佛種。如太子長成·紹繼王位。止是父母所生之身·更無異身。菩薩成佛，亦復如是。功德滿足，坐於道場。止是初發心時所得戒體，更無異體。如此妙體，那得論廢。如太子生後，若壽命應盡，若九橫因緣。其身則死，不復堪能紹繼王位。菩薩受戒，亦復如是。若退失大菩提心，若毀犯十重禁法。其戒則失，不復堪能成就菩提。防此二緣，善巧修習，直至菩提，成究竟戒。故言妙極法身以爲果也。

二乘明定道二戒者。大小乘中，皆有定共戒，及道共戒。謂由定力，自然止息諸惡，名定共戒。由於道力，自然永離諸惡，名道共戒。定道與律儀並起，故稱爲共。前明律儀從師受得。今則藉定道力，自能發得無作律儀，還以無作爲其體也。此定道二戒，若先已受律儀戒者。止因定道，倍增明淨，更無異體。若先未受律儀戒者，隨定道力，卽發律儀。又定共亦名禪戒，道共亦名爲無漏戒。或定共通於欲界地，定禪戒惟指初禪已上。道共通於方便道中，無漏惟指發眞已上。若發眞無漏，則永無退失。若方便道，及諸禪定，容有進否也。

三更明三聚戒法者。瓔珞經云。律儀戒，謂十波羅夷。攝善，謂八萬四千法門。攝生，謂慈悲喜捨，化及衆生，令得安樂。今明此三，並是菩薩戒法。亦並以無作爲體。律儀備列重輕諸相，而止言十波羅夷者。以四十八輕，皆是十重戒之等流眷屬。十重戒法，攝一切戒，罄無不盡。是故名爲十無盡戒也。八萬四千法門，卽無作體所具衆善。慈悲喜捨，卽無作戒妙用功能。所以同名爲戒。又菩薩戒法，弘誓無盡。若不攝善攝生，卽是戒體有缺。故八萬四千法體，慈悲喜捨定體，總皆攬之以爲戒體。戒爲法界，一切法趣戒也。律儀戒是法身德。攝善戒是般若德。攝生戒是解脫德。攝律儀能成法身。攝善法能成報身。攝衆生能成化身。又由律儀戒成於斷德。由攝善戒成於智德。由攝生戒成於恩德。小乘心希自度見苦斷集故但有律儀。不慕佛地稱性功德故無攝善法戒不思濟度一切衆生故無攝衆生戒。菩薩初發心時便以上求下化爲懷上求攝善下化攝生。三聚淨戒一時圓發更非先後也

(己)次偈頌分三。初頌舍那始授。二頌釋迦轉授。三勸信受奉持。義疏云。三序悉是此土釋迦所說。雖有經家之辭。

(庚)初頌舍那始授

我今盧舍那。方坐蓮華臺。周匝千華上。復現千釋迦。一華百億國。一國一釋迦。各坐菩提樹。一時成佛道。如是千百億。盧舍那本身。千百億釋迦。各接微塵衆。俱來至我所。聽我誦佛戒。甘露門卽開。

義疏何故坐蓮華臺。世界形相似蓮華。故云蓮華藏。華嚴云。華在下。擊蓮華二義。處穢不汙。譬舍那居穢不染也。藏者包含十方法界悉在中也。臺者中也。表因能起果。故譬臺也。又以本佛坐於華臺。又表戒是衆德之本。發隱舍那爲本。千釋迦爲迹。千釋迦爲本。百億爲迹。本佛迹佛。不分前後。一時成佛。表體用無二道也。雖名本迹。勿生二想。千百億身。卽舍那一身耳。千江散影。長空止見孤輪。萬口傳聲。空谷曾無二響。應化無窮。法身不動。亦猶是也。義疏

發隱誦佛戒者。問何故誦不道說耶。答此是三世十方諸佛之法。非始自作。故祇得稱誦。不得道說。說者創陳。已見誦者讀習前言。猶述而不作意也。三界大師。躬親誦戒。況其餘乎。**合註**甘露者。不死之藥。喻持戒者能得涅槃常樂我淨。永無老死也。門爲能通。教能通理。由教戒力。通至大涅槃城。

（庚）二頌釋迦轉授

是時千百億。還至本道場。各坐菩提樹。誦我本師戒。十重四十八戒。如明日月。亦如瓔珞珠。微塵菩薩衆。由是成正覺。是盧舍那誦。我亦如是誦。汝新學菩薩。頂戴受持戒。受持是戒已。轉授諸衆生。

合註本師。指舍那也。如明日月。瓔珞珠者。日消罪霧。月照夜幽。珠療貧窮。律儀義也。日長善法。月得清涼。珠富法財。攝善義也。日月麗天。無不瞻仰。瓔珞在身。觀者愛敬。攝生義也。既勸受持。即勸轉授。使燈燈相續。化化無盡。**發隱**本道場。表本心。菩提樹。表覺體。言以本心覺體持本戒也。微塵菩薩者。言無量賢聖。由受此戒成佛。況凡夫乎。持必由授。能授者何。舍那自誦。我亦隨誦。況諸菩薩乎。始聞戒者。皆名新學。上言微塵菩薩由茲成佛。則新學可知。舍那釋迦。佛佛自誦。則餘人可知。

（庚）三勸信受奉持

誦聽我正誦。佛法中戒藏。波羅提木叉。大衆心諦信。汝是當成佛。我是已成佛。常作如是信。戒品已具足。一切有心者。皆應攝佛戒。衆生受佛戒。卽入諸佛位。位同大覺已。眞是諸佛子。大衆皆恭敬。至心聽我誦。

合註佛法中戒藏者。一乘無上戒法。不但揀異外道凡夫等戒。亦復揀異聲聞緣覺戒也。此戒卽是諸戒之藏。以一切八戒五戒十戒二百五十戒等。無不從此大戒流出。又一切八戒及具戒等。無不攝入此大戒中。故淸淨毘尼方廣經云。菩薩毘尼。猶如大海。所有毘尼。無不納受也。大衆心諦信者。佛法大海。惟信能入。若不信自身決得成佛。則所有戒品。不能牢固。若諦信自身有成佛分。諦信舍那由戒成佛。自然念念護持妙戒。不使毀缺也。餘如前釋可知。**發隱**波羅提木叉者。此云保解脫。保衞三業。得解脫也。亦云別解脫。持一事得一解脫。別別不同故也。諸佛已成。衆生當成。則生佛畢竟非殊。持戒定可作佛。當諦信如是事。勿懷疑也。戒已具足者。一念信心。萬惑俱遣。防非止惡。盡在於斯。何待遮難重詢。羯磨三舉。然後爲戒乎。佛唱善來。卽成沙門。正此意也。是知放下屠刀。千佛一數。爲有信故。毀訾不輕。千劫墮落。爲無信故。信爲入道之門。豈虛言哉。有心者。言惟除木石無心。則已六道含靈。皆應受戒。

攝者納義外聞內納永持而勿失也佛位至遠云何受戒卽入蓋此戒是千佛相傳心地佛佛由此成佛受佛戒者豈不卽入佛位耶問位既同佛何不名佛而纔名佛子答位雖同佛功德未圓如儲君決當正位今在東宮則灌頂王子也名之王子必紹王位名之佛子必紹佛位豈細故哉佛自重戒故勅大衆至心今誦戒於千載之下可不如對佛面如聞佛語乎恭者外肅敬者內虔內外精誠是名至心心地戒品若非至心何由得入

(戊)二正明樹下勸發分二初經家敘事二釋迦自說　(己)初經家敘事分三初佛欲結戒二放光表瑞三大衆願聞

(庚)初佛欲結戒

爾時釋迦牟尼佛初坐菩提樹下成無上正覺已初結菩薩波羅提木叉孝順父母師僧三寶孝順至道之法孝名為戒亦名制止

合註上文言示成佛道十處說法已竟復至菩提樹下說戒今言初坐等者意顯成道不久卽宣此戒非待他時所謂先務之為急也初結木叉頓制五十八事不同聲聞隨犯隨結者理論關機宜事論凡有三義一者大士深信頓聞不逆二者大士不恆侍左右不得隨事隨白三者舍那為妙海王子授菩薩戒卽頓說此五十八條古制應爾也又聲聞隨事隨結皆悉集十句義今頓制

諸戒．亦應戒戒具足十義。經雖不出．理必應然。略出名相．俾知利益（一）攝取於僧。謂制此重輕諸戒．攝受衆生。令歸大乘僧寶數中。令取大乘僧寶果位。（二）令僧歡喜。謂由攝取力故．能令大地菩薩．歡喜暢悅。（三）令僧安樂。謂由禁戒力故．能令菩薩種族．利益增長侍安樂住。（四）未信者令生信。謂由禁戒力故．性遮清淨．發起一切衆生正信之心。（五）已信者令增長。謂由清淨律儀．能令久淹佛法者．益其堅固．不退悔故。（六）難調者令調順。謂有一類假名菩薩．及一類雖發大心．煩惱習强者．今以重輕諸戒調之．懺悔訶責．令不敢違法律故。（七）慚愧者得安樂。謂由調順諸難調者．則慚愧僧無擾亂故。（八）斷現在有漏。謂制止三業十支．令不漏落業煩惱故。（九）斷未來有漏。謂永斷漏種．不以染汙心受生死故。（十）正法得久住。謂由大乘僧寶種性不斷．建立弘通正法輪故。孝順父母等者。戒相雖多．孝順攝盡。故總提孝順二字以爲其宗。父母生我色身．依之修道．師僧生我戒身．由之成佛。三寶生我慧命．成就菩提。故一一須孝順也。爾雅釋善事父母爲孝。大史叔明以順釋孝。孝即是順。孝順父母有三差別。一者冬溫夏凊．昏定晨省．奉養無方．服勞靡間。二者立身行道．不辱所生。三者善巧方便．喻親於道。孝順師僧．亦應準此。師僧者．獨指授戒之師。其餘僧衆自屬三寶中攝。孝順三寶．亦有三義。一者供養承事．不厭疲勞。二者如說修行．不汙法化。三者革弊防非．弘通建立。若約法門解者。方便爲父．智度爲母。不離深義．以爲和尚。自心覺悟名佛．自心理體名法．理智一如名僧。如理作意觀察名孝。如理證入無背名順也。由斯事理二種孝順．決至無上大菩提道。故云至道之法。(發隱)戒之爲義．固在孝順。而此孝順．人將謂是庸行之常。不知孝順之法．乃至道之法也。至道者．至極之道。即無上正覺是也。此道清淨廣大．猶如虛空。體絕過非．用無違礙。順之至也。孝順之心．正合此道．故云至道。又父母者本覺義。師僧者先覺義。佛者滿覺義。法者顯覺義。僧者合覺義。於此隨順．不背不逆．豈非如來所證無上正覺之妙道耶。孝即名之爲戒．亦即名爲制止。以孝則自不作惡故也。(發隱)法苑云．戒即是孝。謂衆生皆吾父母。不殺不盜，是即爲孝。意正同此。然是戒名爲孝，未是孝名爲戒。今明孝順自具戒義。如孝順父母。則下氣怡聲，言無犷逆，是名口戒。定省周旋，事無拂逆，是名身戒。深愛終慕，心無乖逆，是名意戒。順止惡義，恐辱其親，名律儀戒。順行善義，思顯其親，名善法戒。順兼濟義，拾椹囘凶，捨之肉悟主，錫類不匱，名攝生戒。師僧三寶亦復如是。以要言之。但能孝順，自然梵行具足。戒之得名，良以此耳。舍孝之外，事有戒乎。優婆塞戒經云。受持戒已，不能供養父母師長者得罪。正言孝是戒也。亦名制止者。言制止，亦以孝名也。制爲戒法，以止其惡，謂之制止。今惟孝順，自不造惡，豈非制止。孝經云。孝親者非法不言，非道不行。亦止惡意也。上戒字泛指戒體，下制止則指所列戒品。如十重四十八輕是也。只一孝字可概戒義。故下制戒中。十重第一第二第三第四，以至第九第十，皆曰孝順心。輕垢第一，即曰孝順心。而十三十七二十九三十五四十八，亦皆曰孝順心。至於餘戒，多舉父母爲言。則是貫徹乎十重之始終。聯絡乎四十八輕之首尾。一孝立而諸戒盡矣。復次，孝順非特名戒，名制止。亦名三藏諸敎。一切法門，攝無不盡。

（庚）二放光表瑞

佛即口放無量光明。

合註 瑞者信也，欲說大事，故放勝光。廣召有緣，同來聽也。口放者，一表此戒金口敷揚。二表受者從佛口生。

（庚）三大衆願聞

是時百萬億大衆，諸菩薩，十八梵天，六欲天子，十六大國王。合掌至心聽佛誦一切諸佛大乘戒。

合註 百萬億者，總敘有緣同集衆也。諸菩薩，別指三十心十地位人。十八梵天別指色界。一梵衆。二梵輔。三大梵。此三總名初禪。四少光。五無量光。六光音。此三名第二禪。七少淨。八無量淨。九徧淨。此三名第三禪。十福生。十一福愛。十二廣果。此三屬第四禪。凡夫所居。十三無想。亦屬四禪外道所居。十四無煩。十五無熱。十六善見。十七善現。十八色究竟天。此五亦屬四禪。三果聖人所居。此十八天。雖凡聖不同。皆離欲穢。得清淨定。故名梵天。六欲天子。別指欲界。一四王天。二忉利天。三夜摩天。四兜率天。五化樂天。六他化自在天。此六欲天。雖尚有男女五欲。而果報自然。不假營求。故皆名天。十六大國王者。西域諸國最多。舉其甚大。有十六國。一史伽。二摩竭提。三迦尸。四拘薩羅。五跋祇。六末羅。七支提。八跋沙。九尼樓。十槃闍羅。十一阿濕波。十二婆蹉。十三蘇羅。十四乾陀羅。十五劍浮沙。十六阿槃提。合掌者。身業肅恭。至心者。意業專精。聽者。口業寂靜。攝耳諦聽也。

(己)二釋迦自說分三。初舉自誦勸人。二明放光因緣。三勸大衆習學。

(庚)初舉自誦勸人

佛告諸菩薩言。我今半月半月自誦諸佛法戒。汝等一切發心菩薩。乃至十發趣。十長養。十金剛。十地諸菩薩亦誦。

合註 半月半月者。望日為白月十五。晦日為黑月十五。白表智德漸滿。黑表斷德漸盡。故於此日誦此戒法。名爲布薩。正呼爲褒灑陀。褒灑是長養義。陀是淨義。言長養善法。淨除不善也。（發隱）此萬世誦戒立法之始也。月勤二誦。恐遺忘也。又白月黑月。喻善業惡業。應自考也。佛尚自誦。何況餘人。【義疏】凡舉五位人。一發心。謂共地菩薩。二十發趣。謂初十心。依梵網列名。一捨。二戒。三忍。四進。五定。六慧。七願。八護。九喜。十頂心。三十長養。謂中十心。一慈。二悲。三喜。四捨。五施。六好說。七益。八同。九定。十慧。四十金剛。後十心。一信。二念。三迴向。四達。五圓。六不退。七大乘。八無相。九慧。十不壞心。五十地。謂登地以上。一體性平等地。二體性善方便地。三體性光明地。四體性爾炎地。五體性慧照地。六體性華光地。七體性滿足地。八體性佛吼地。九體性華嚴地。十體性入佛界地。（案諸地解釋詳見發隱）

（庚）二明放光因緣

是故戒光從口出。有緣非無因故光。光非青黃赤白黑。非色非心。非有非無。非因果法。是諸佛之本源。行菩薩道之根本。是大衆諸佛子之根本。

【合註】初句直說放光之緣。此光即表無作戒體。此無作戒。全以性德爲其本因。故非無因。既是全性所起。即復全體是性。是故非青非黃。乃至非因果法。非青黃等色。非分別識心。不墮凡愚妄情妄境果也。非有非無。不墮邪見斷常果也。非因果法。不墮權小有修有證果也。（發隱）問。既曰有因曰得果。又曰非因果法何也。答。此有二義。一者。非世間之因果。二者。非因非果。乃所以為正因正果也。不墮此等諸果。乃是法身妙果。既是法身妙果。亦即成佛眞因。故諸佛菩薩大衆佛子。皆以此為本源。義疏發隱行因三者。一諸佛本源。二菩薩根本。三大衆根本。或言表眞俗兩諦。諸佛正徧知海。汪洋無盡。此心地戒為之本源也。菩薩萬行開敷。成就妙果。此心地戒為之根本也。一切衆生。生生不窮。乃至後當作佛者。亦此心地戒為之根本也。徹聖通凡。咸因此戒。戒因清淨。淨極光通。有自來矣。或言眞俗二諦者。佛是出世間法。眞諦也。衆生是世間法。俗諦也。菩薩上趣聖果。下順凡情。眞俗雙顯也。

（庚）三勸大衆習學

是故大衆諸佛子。應受持。應讀誦。應善學。佛子諦聽。若受佛戒者。國王。王子。百官。宰相。比丘。比丘尼。十八梵天。六欲天子。庶民。黃門。婬男。婬女。奴婢。八部鬼神。金剛神。畜生。乃至變化人。但解法師語。盡受得戒。皆名第一清淨者。

合註領納名受。堅執名持。口演其文為讀誦。躬行其事為善學。（發隱）聞而不受。則聽不關心。受而不持。則已領還失。

持而不誦。則守愚不諳其詳。誦而不學。則空言終何所益。功貴兼全。故曰四勸也。

黃門・此云不男・凡有五種・謂生・犍・變・妬・半。八部二解。或云一天・二龍・三夜叉・四乾闥婆・五阿修羅・六迦樓羅・七緊那羅・八摩睺羅伽。或云四天王各領二部・東方持國天王・領乾闥婆及毗舍闍・南方增長天王・領鳩槃茶及薜荔多。西方廣目天王・領龍及富單那多・北方多聞天王・領夜叉及羅剎。金剛神・亦名執金剛神・亦名金剛力士。持金剛杵隨侍諸佛者也。變化人・謂天龍等變作人形。解法師語・揀去不解語者。不解則不能發菩提心以爲勝因・故須揀之。不揀種類・以其同具佛性故也。解則盡受得戒・揀不解者・雖受亦不得也。未受戒前・容有淨穢差別不等・一受此戒・咸成最上法器・故皆名第一清淨也。發隱問。聲聞戒重難輕遮稽防特甚。菩薩戒婬賤鬼畜容納無遺。豈小果乃皆良器。大士反雜非人也耶。答。聲聞稟佛剃染・若不揀擇・恐損正法。故菩薩專主利生・若不兼容・化度有限・故但普度中亦自有別・後四十八輕垢中詳辨。

(丁)次列重輕戒法・分二。初十重・二四十八輕。　(戊)初十重・分三。初總標・二別解・三總結。

(己)初總標

佛告諸佛子言。有十重波羅提木叉。若受菩薩戒・不誦此戒者・非菩薩・非佛種子。我亦如是誦。一切菩薩已學。一切菩薩當學。一切菩薩今學。

已略說菩薩波羅提木叉相貌，應當學，敬心奉持。

【合註】十重名波羅提木叉者，犯之則永棄佛海，持之則保取解脫也。既受須誦。誦則知持知犯，知輕知重，知善護持，不誦則日就遺忘，現在失菩薩之位，將來失成佛之種，甚明其不可不誦也。（發隱）非菩薩者，失現在大乘之名。非佛種者，失當來極位之果。相貌者，戒雖無形，由持犯而表示，廣即十重四十八輕，略說即是孝順，若不敬心奉持，便非孝順矣。

（己）二別解分十。第一殺戒，至第十謗三寶戒。

（庚）第一殺戒 此等皆是後人科文不宜雜入經文讀誦

佛言：若佛子。 文分三。初標人，二序事，三結罪。△今初標人

【合註】若佛子者，發菩提心，受菩薩戒，紹佛家業，住佛律儀，不狂，不亂，不病壞心，不隔他陰，自知我已受菩薩戒也。（發隱）受佛大戒，即佛所生，行當紹隆佛種。有王子之義，毋自輕也。

若自殺，教人殺，方便殺，讚歎殺，見作隨喜，乃至呪殺。 二序事，分三。初不應，二明應，三結不應。△初不應，分三。初明殺事，二成業相，三舉輕況重。△今初明殺事

【合註】自殺者，或用內色，謂手足等。或用外色，謂刀杖木石等。或雙用內外色，謂手執刀杖等。令前人命斷，名之為殺。教人殺者，或面教，或遣使，或作書等。方便殺者，即殺前方便，束縛捉

繫等。或指示道路令前人捕獲亦名方便讚歎殺者。前人本無殺心．讚譽令起殺心。隨喜殺者。前人先有殺心獎勸令其成就乃至呪殺者作起屍呪．及伏弩火坑等種種惡事。具如五戒相經廣明。

殺因．殺緣．殺法．殺業。（二成業相）

合註 殺因者．心欲前人命斷。殺緣者．方便助成其事。殺法者．刀劍坑弩毒藥呪術等。殺業者．前人命根不得相續。（發隱）因緣法業四者。大意．一念本起殺心為因。多種助成其殺為緣。殺中資具方則為法。正作用成就殺事為業也。

乃至一切有命者不得故殺。（三舉輕況重）

合註 乃至一切有命者．下及微細有情如蜎飛蠕動等。（發隱）若極言大士廣大慈悲。雖有色無心．但具生氣．亦不忍殺。如結草護戒折柳諫君者是也。何況有命。不得故殺者．揀非誤傷。

是菩薩應起常住慈悲心孝順心方便救護一切衆生。（二明應）

合註 常住者．了知心佛衆生三無差別其性常住。慈悲心者．同體大哀若保赤子惟思拔苦與樂。孝順心者．尊重佛性視同父母不敢輕於一切。方便救護者．慈悲孝順之實事。（發隱）但能不惱差可免愆。若不救護．何名大士。故不殺仍應救生．不盜仍應布施。後皆例此。

而反自恣心快意殺生者。（三結不應）

合註反者・明其不應。恣心者・因貪起殺・不知制止。（發隱）貪殺者・因市利而宰牲・爲圖財而劫命之類。快意者・因瞋起殺・洩其怨恨。（發隱）瞋殺者・忍心害物・酷刑虐民之類。發隱不言癡者・貪瞋二心・出自愚癡。故智不能窒欲・故貪・慧不能懲忿故瞋也。

是菩薩波羅夷罪。三結罪

合註是菩薩者・由本受戒故有此名。波羅夷罪者・此云棄罪。犯此戒者・永棄佛海邊外・永失妙因妙果。亦云墮罪。犯此戒者・墮落三塗。亦云他勝處法・受菩薩戒本欲破壞煩惱摧伏魔軍・今犯此戒反被煩惱所勝・又被魔軍所勝・亦云是極惡法・亦云是斷頭法。亦云如斷多羅樹心・如針鼻缺・如大石破二分等。（發隱）僧祇律三義。一退沒義・道果喪失故。二不共住義・法衆不容故。三墮落義・死入地獄故。夫律中明一人受比丘戒・地神空神・展轉傳告・頃刻聲徧初禪・魔則震恐。若一人破比丘戒・護身神出大歎息之聲。亦復展轉傳告徧於初禪・魔則歡喜。今菩薩戒羯磨文・明一人受戒則十方佛菩薩前・法爾相現。由是諸佛菩薩・憶念憐愍。倘一人破戒・寧不徧令法界聖賢・咨嗟悲悼耶。持戒者・審思之。（案菩薩戒羯磨文・出瑜伽師地論本地分中菩薩地之戒品。凡受菩薩戒者・最宜知之。故玄奘三藏譯出別行。蕅益大師復爲之釋・見合註雜集。）

◉結罪重輕

案諸戒結罪・皆須具足支緣・方成犯事。若盡具者・結重。闕一二者・結輕。是謂具支成犯。罪相分逆重輕。重罪分失戒與不失戒。失戒復分須見相好與堪任更受。輕罪有等流方便之分。方便復有重垢輕垢之別。詳如懺悔行法表列。案合註凡例云。大乘律法。雖是一切律之所朝宗。然既通於七衆。故於比丘五篇七聚名義。仍須隱而不說。蓋菩薩比丘。及比丘尼。自應習學毗尼集要。及律藏全書。即於彼中通曉篇聚名義。此中不必更宣。若菩薩沙彌。菩薩優婆塞等。只須依此修學。而篇聚名義尙非分內之所應知。萬萬勿求先知。致成盜法重罪。高明之士。信之愼之。

此戒備四緣成重。一是衆生。二衆生想。三殺心。四前人命斷。

一是衆生
- 上品
  - 諸佛聖人
    - 惡心出佛身血（佛不受害）
    - 害羅漢（害三果以下。但犯重。）
    - 害菩薩（取發趣以上）（害外凡位未入畢定性者。但犯重。）
  - 父母師僧—殺父母和尙阿闍梨
  - ——犯逆

  重者。是波羅夷罪。逆者。更增以下殺上之大逆不道罪也。
- 中品—害一切人天—犯重（失戒體）
- 下品—害四趣衆生（修羅鬼神畜生等）
  - 解語受戒者—犯重（不失戒體。但數數故傷。都無慚愧。煩惱增上。不知厭捨。亦可失戒。）
  - 不解語者—犯輕

下品原有兩解。一同重。以大士防殺嚴故。二犯輕垢。以非道器故。蓋前則菩薩戒法全收五道。後則比丘戒法局在人倫。案此乃靈峯以義酌定者。

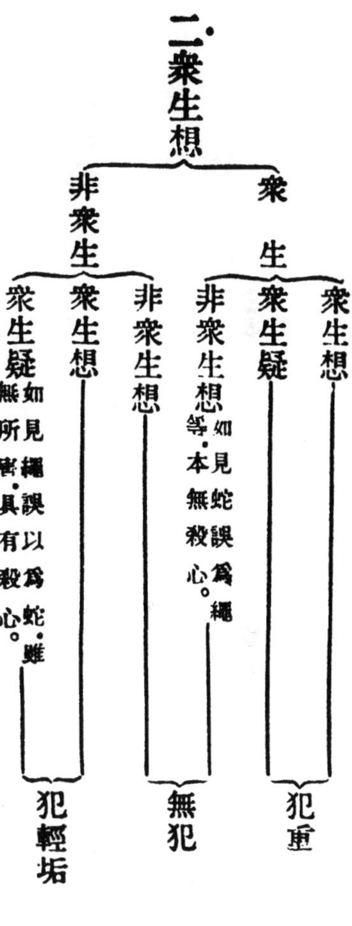

又聖人聖人想．父母父母想．師僧師僧想．人天人天想等。各有六句結判逆與非逆．若重若輕。可以例知。

凡屬境想．各有當疑僻六句。茲以衆生想釋例如左。

當二句　實是衆生．實衆生想。
　　　　實非衆生．非衆生想。

疑二句　實是衆生．心中疑是耶非耶。
　　　　實非衆生．心中疑是耶非耶。

僻二句　實是衆生．心中決謂非衆生想。
　　　　實非衆生．心中決謂是衆生想。

三．殺心　殺心謂惱害前境．願其命斷。正是業主。由此惡心．或自身行殺．或教他遣使等。

殺心復二。通心隔心。

殺心
- 通心
  - 隨有死者——皆悉犯罪
  - 都無死者——犯方便罪亦不為逐輕垢

通心。謂如漫作坑弩。漫為燒斫。有心殺也。

- 隔心
  - 於彼人本無殺心——不結罪
  - 於此人邊——仍結方便罪

隔心。謂本為此人作殺方便。而誤傷彼人無心殺也。

四。前人命斷　前人命斷者。謂色心連持相續不斷。名為命根。今使不得相續。故成殺業。

此有兩時。一者。於現生中見彼命斷。二者。作殺方便已。先自捨命。彼方命斷。

於現生中見彼命斷
- 自身有戒時——前人命斷——結重
- 自身捨戒後
  - 前人命斷。止於捨戒之前。——結方便罪
  - 後命斷時——無犯

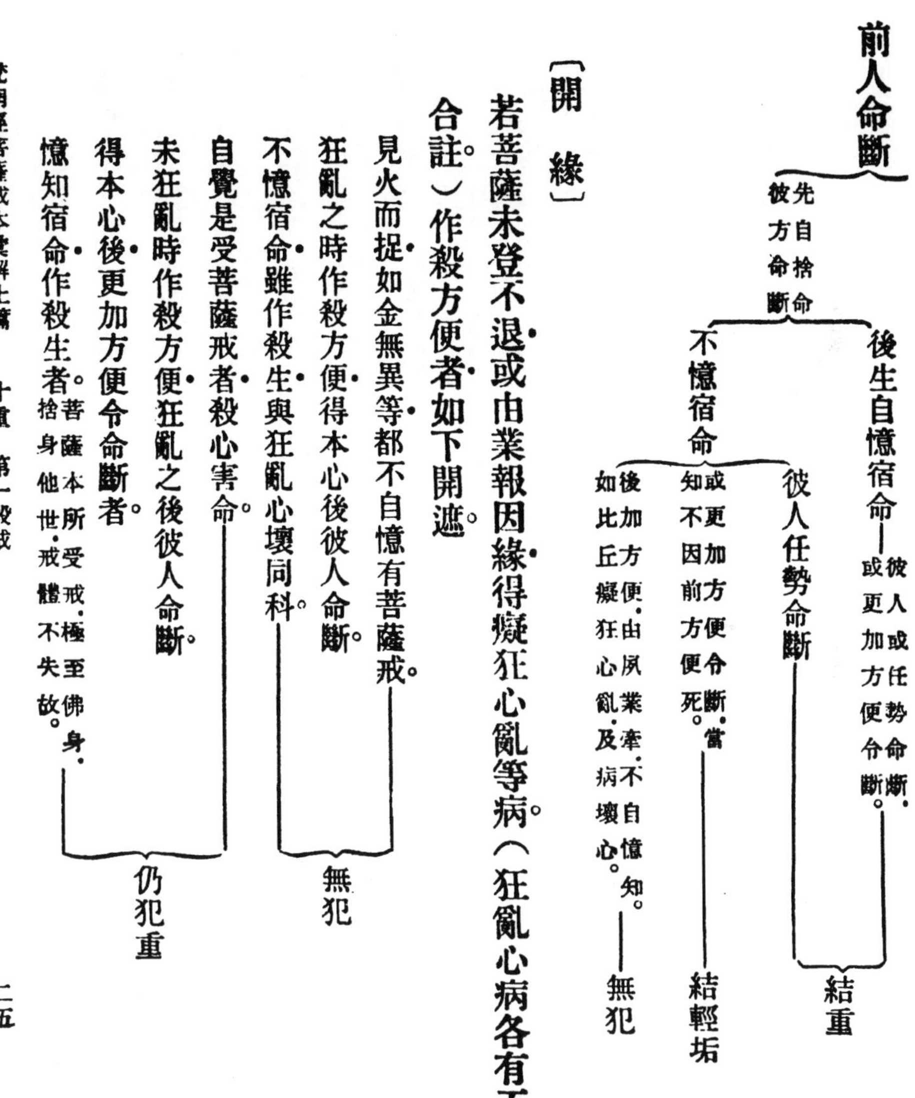

前人命斷
- 先自捨命彼方命斷
- 後生自憶宿命——彼人或任勢命斷，或更加方便令命斷。——結重
- 不憶宿命
  - 彼人任勢命斷——結重
  - 或更加方便令命斷。當知不因前方便死。——結輕垢
  - 後加方便，由夙業牽，不自憶知。如比丘癡狂心亂，及病壞心。——無犯

〔開緣〕

若菩薩未登不退，或由業報因緣，得癡狂心亂等病（狂亂心病各有五因緣，詳見合註）作殺方便者，如下開遮。

- 見火而捉，如金無異等，都不自憶有菩薩戒。
- 狂亂之時作殺方便，得本心後彼人命斷。
- 不憶宿命，雖作殺生，與狂亂心壞同科。

——無犯

- 自覺是受菩薩戒者，殺心害命。
- 未狂亂時作殺方便，狂亂之後彼人命斷。
- 得本心後更加方便令命斷者。
- 憶知宿命作殺生者。菩薩本所受戒，極至佛身，捨身他世，戒體不失故。

——仍犯重

◉善識開遮

唐譯菩薩戒本云。若諸菩薩，安住菩薩淨戒律儀。善權方便，為利他故。於諸性罪，少分現行。由是因緣，於菩薩戒無所違犯，生多功德。謂如是菩薩，見劫盜賊，為貪財故，欲殺多生。或復欲害大德聲聞獨覺菩薩，或復欲造多無間業。見是事已，發心思惟。我若斷彼惡衆生命，墮那落迦。如其不斷，無間業成，當受大苦。我寧殺彼，墮那落迦，終不令其受無間苦。如是菩薩意樂思惟，於彼衆生，為當來故。深生慚愧，以憐愍心而斷彼命。由是因緣，於菩薩戒無所違犯，生多功德。

〔解曰〕此則大悲增上，純以代苦之心而行殺業也。深生慚愧，明其不自以為功。能以憐愍心，明其實無一念瞋忿。故雖甘受犯戒之罪，而究竟無違犯耳。倘私忿未忘，或貪圖功德，駕言於大士弘規，豈能免性遮二業哉。

◉異熟果報

異熟者。異時而熟，異性而熟，異處而熟。異時者，今生造業，或現生受報，或來生受報，或無量生後受報。異性者，造業通於三性，謂善不善無記，受報惟屬無記之性。異處者。人中造業，六道酬償也。

此殺生罪果報如何。　華嚴二地品云。殺生之罪，能令衆生墮於地獄畜生餓鬼。△若生人中得二種果報。

一者短命。

二者多病。

〔解曰〕三塗是正報。人中是餘報也。

上殺墮地獄。中殺墮畜生。下殺墮餓鬼。△或約前文三品衆生分上中下。或約殺心猛弱分上中下。或雖造上罪。殷勤悔過。轉成中下。雖造下罪。護過飾非。不知慚愧。轉成中上。三義互成。事非一致。故業性差別。惟佛窮盡耳。

持不殺戒。復得何報。　十善業道經云。若離殺生。即得成就十離惱法。

一。於諸衆生普施無畏。

二。常於衆生起大慈心。

三。永斷一切瞋恚習氣。

四。身常無病。

五。壽命長遠。

六。恆爲非人之所守護。

七。常無惡夢。寢覺快樂。

八、滅除怨結衆怨自解。
九、無惡道怖。
十、命終生天。
若能迴向阿耨多羅三藐三菩提者、後成佛時、得佛隨心自在壽命。〔解曰〕十離惱法、是花報、自在壽命是果報也。
又大乘理趣六波羅蜜經淨戒品云。此十善業、一一皆感四種果報。
一、現在安樂。
二、煩惱怨賊勢力羸弱。
三、於當來世、常得尊貴無所乏少。
四、精勤修習當得無上正等菩提。
離殺四者。
一、菩薩於諸衆生、不起害心。能施無畏、亦不恐怖。以無怖故、一切衆生親近供養、尊重讚歎菩薩。於彼生憐愍心、由慈心故、過去所有一切怨恨、自然心息。
二、瞋恚害心、悉皆羸劣。以慈甘露用塗其心、而能蠲除瞋等熱惱、睡眠安隱、恆無惡夢。以慈心故、藥叉諸鬼食血肉者、捨離害心。及諸惡獸常相守護。

三於未來世獲三果報一壽命長遠常無中夭二所生之處常無病苦三大富饒財恆得自在

四以不殺故得佛法分於五趣中所生之處於世自在隨意能住乃至坐於菩提樹下諸魔鬼神不能爲障成等正覺無量聖衆之所圍遶

〔解曰〕此四果報二屬現在二屬當來約之卽是轉三障義除惡生善卽是先轉業障因業障轉能令報障亦轉兼能進轉煩惱蓋業由惑造報由業感不了業因復從報法起惑由業現行亦熏煩惱種子故三法展轉不離如惡叉聚今先斷其業不復熏於惑種又既令後報不起亦令先報漸薄此中初種卽轉現報第二是轉煩惱第三是轉生報第四是轉後報也夫以殺業苦報其劇如彼不殺善報其大如此金口誠言纖毫無謬奈之何不信受奉行哉

（庚）第二盜戒

若佛子 文分三。初標人·二序事·三結罪。△今初標人

自盜教人盜方便盜呪盜 二序事分三。初不應·二明應·三結不應。△初不應分三。初舉盜事·二成業相·三舉輕況重。△今初舉盜事

〔合註〕不與而取他物名之爲盜自盜有八種或灼然劫取或潛行竊取或詐術騙取或勢力強取或詞訟取或牴謾取或受寄託而不還或應輸稅而不納教人盜者教人爲我劫取乃

至爲我偷稅也。若但教人作八種盜。利不入已。不結重罪。是此戒兼制耳。方便盜者。彼物自來。方便藏舉。如攘羊之類。呪盜者。以種種呪術取他物。或遣役鬼神等。【發隱】缺隨喜讚嘆者。殺事多可面陳。盜謀必須密議。讚嘆隨喜事希。故略之也。

盜因。盜緣。盜法。盜業。（二成業相）

【合註】盜因者。興心故取他物。或以諂心。或以曲心。或瞋恚心。或恐怖心。盜緣者。穿窬窺闞等緣。盜法者。發鑰揀取等事。盜業者。舉他物離本處也。（發隱）離處成盜業。未離處猶在盜法也。大意一念本起盜心爲因。多種助成其盜爲緣。盜中資具方則爲法。正作用成就盜事爲業也。【發隱】針草判盜。五錢判重也。

乃至鬼神有主劫賊物。一切財物。一針一草。不得故盜。（三舉輕況重）

【發隱】乃至者。從重至輕。故曰舉況。一鬼神物。二但係有主物。三劫賊物。四一切物也。問取劫賊物云何犯盜。答此有二義。若劫是我物。我已作失想。若劫是他物。他與我無與。皆不與取也。

而菩薩應生佛性孝順心。慈悲心。常助一切人生福生樂。（二明隱）

【合註】佛性者。一切衆生皆有當果之性。性是不改爲義。即前戒中常住之意。（發隱）當果之性者。當來佛果。性本同然。背性習惡。自喪善本。言當發佛性中孝慈之心。不可行盜損物。自甘忤逆毒害也。

而反更盜人財物者。三結不應

合註 盜人財物者。意顯從人邊結重也。發隱 盜人財物已犯盜。盜三寶可知矣。輕重之科。詳具律藏。案南山律主云。「盜通三寶。僧物最重。隨損一毫。則望十方凡聖一一結罪。故諸部五分中多有人施佛物者。佛並答言。可以施僧。我在僧數。施僧得大果報。又方等經云。五逆四重我亦能救。盜僧物者。我所不救。餘如日藏分僧護傳等經廣陳。」

是菩薩波羅夷罪。三結罪

◉結罪重輕

此戒備五緣成重。一是有主物。二有主想。三盜心。四直五錢。五舉離本處。

一、是有主物
- 上品—佛物．法物．現前僧物．四方僧物．父母師長物。 → 犯重
- 中品
  - 人物 → 犯重
  - 天物 → 結輕（或雖重不失戒）
- 下品—鬼神物．畜生物 → 結輕（或雖重不失戒）

有主
- 有主想 → 結重
- 有主疑 → 結重
- 無主想

二、有主想

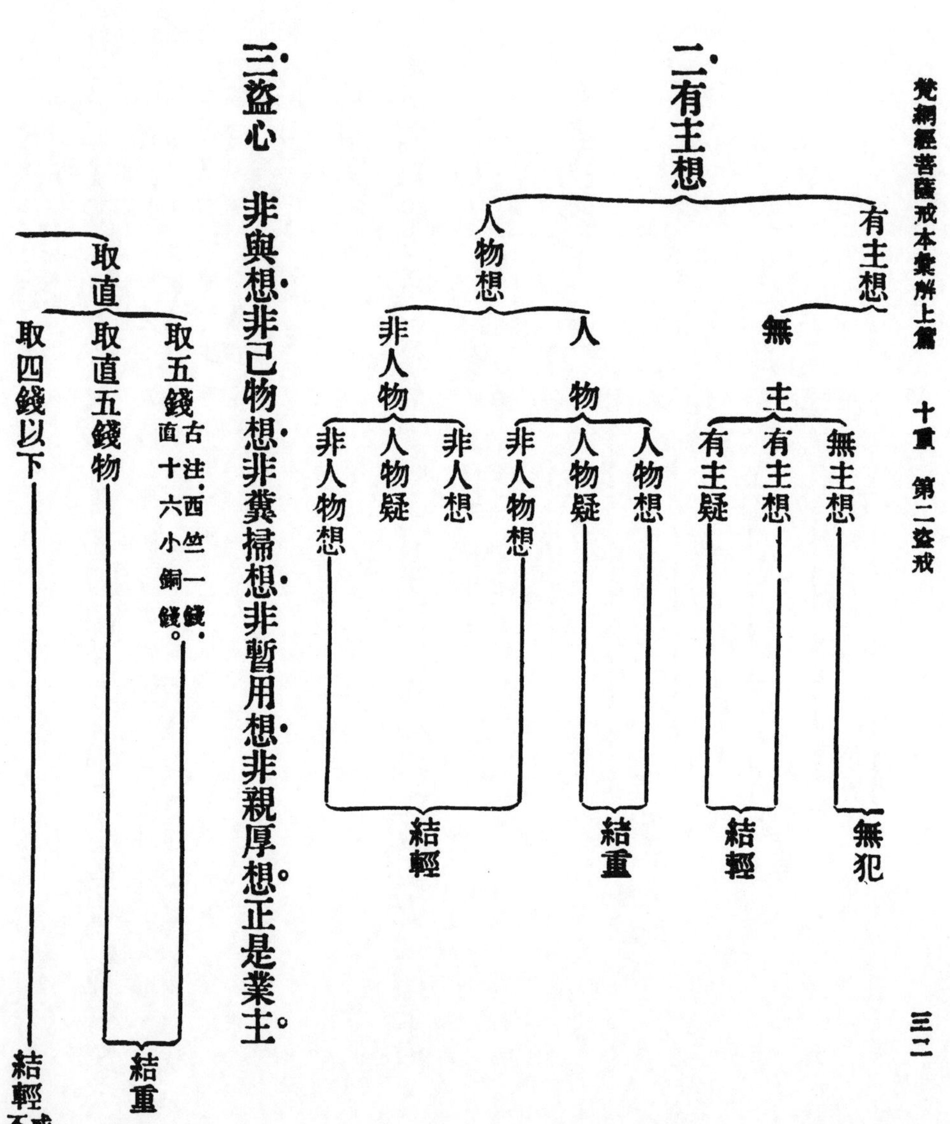
有主想
無主想
有主想
有主疑
無犯
結輕
人物想
人物
人物想
人物疑
非人物想
結重
非人物
非人想
人物疑
非人物想
結輕
三、盜心　非與想、非己物想、非糞掃想、非暫用想、非親厚想。正是業主。
取直
取五錢 古注、西竺一錢，直十六小銅錢。
取直五錢物
結重
取四錢以下
結輕 或雖重不失戒

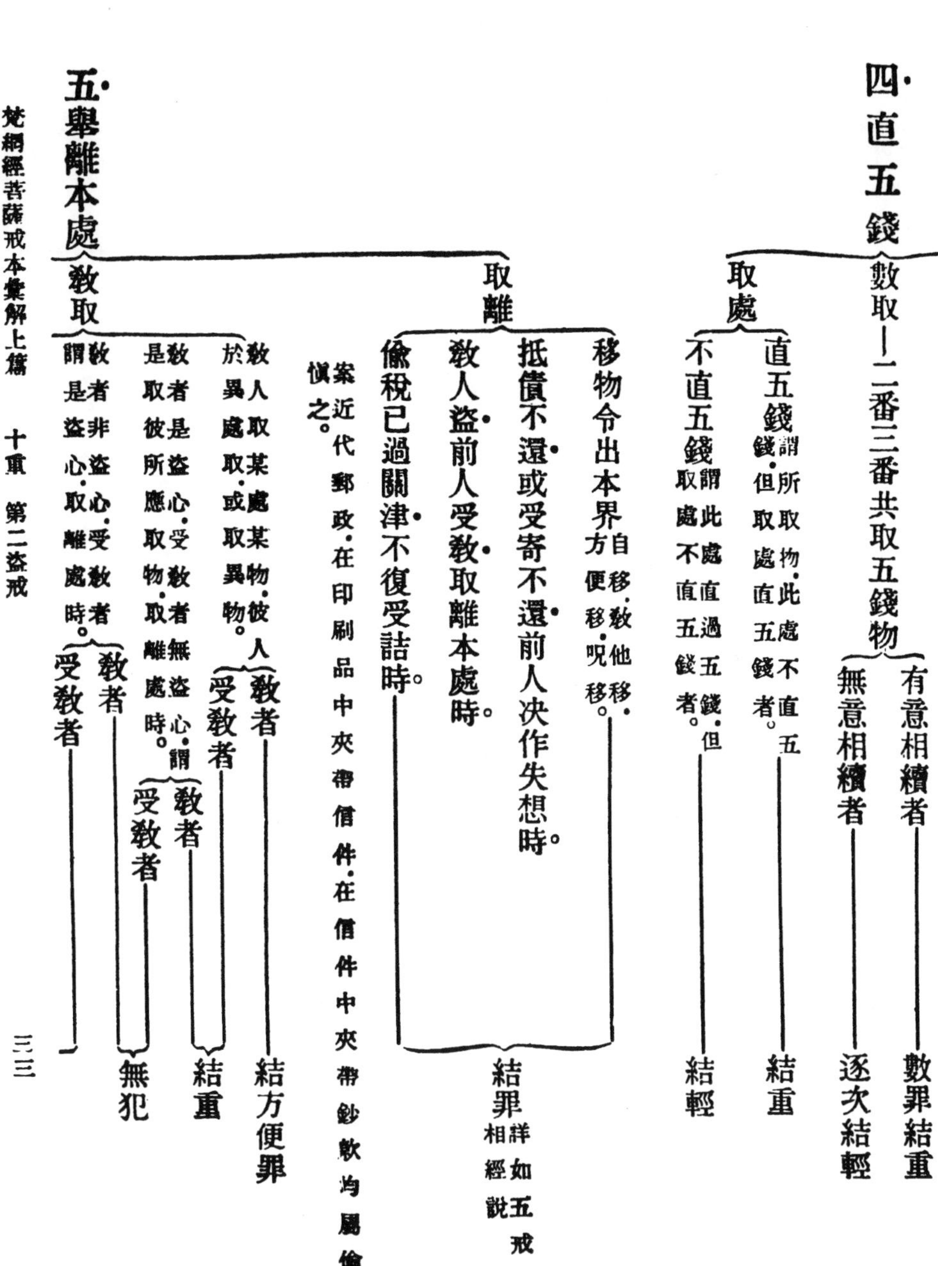
四、直五錢
數取—一番二番三番共取五錢物
有意相續者—數罪結重
無意相續者—逐次結輕
取處
直五錢謂所取物，此處不直五錢，但取處直五錢者。—結重
不直五錢謂此處直過五錢，但取處不直五錢者。—結輕
五、舉離本處
取離
移物令出本界自移、教他移、方便移、呪移。
抵債不還、或受寄不還、前人決作失想時。
教人盜、前人受教、取離本處時。
偷稅已過關津、不復受詰時。
結罪詳如五戒相經說
案近代郵政，在印刷品中夾帶信件，在信件中夾帶鈔欵，均屬偷稅。慎之。
教取
教人取某處某物，彼人於異處取，或取異物。
教者—結方便罪
受教者
教者是盜心，受教者無盜心，謂是取彼所應取物，取離處時。
教者—結重
受教者
教者非盜心，受教者謂是盜心，取離處時。
教者—無犯
受教者

- 教盜四錢以下。受教者取得五錢以上。
  - 受教者 —— 犯重
  - 教者 —— 結輕
  - 若本意不論多少。隨取離處時。二人同其輕重
- 教者合盜五錢物。受教者取得四錢以下。
  - 教者 —— 結輕
  - 受教者 —— 結輕
- 分取
  - 二人共盜取物。離本處。直五錢。雖分時各得減五錢。 —— 各犯重
  - 教人盜本無心欲取其分離處時。 —— 不結重
  - 後受其分知是所盜物者。 —— 結罪
  - 不知者。 —— 無犯

案直五錢中之取直。數取。取處三目。舉離本處中之取離教取。分取三目。為列表方便所加。非本有也。

【開緣】

- 與想。已想。糞掃想。暫用想。親厚想。
- 若癡狂。若心亂。若病壞。若轉生不自憶等。

—— 無犯

◉善識開遮

菩薩戒本云。又如菩薩見有增上增上宰官上品暴惡。於諸有情無有慈愍。專行逼惱。菩薩見已。起憐愍心。發生利益安樂意樂。隨力所能。若廢若黜增上等位。由是因緣於菩薩

戒無所違犯，生多功德。△又如菩薩，見劫盜賊，奪他財物，若僧伽物，窣堵波物，取多物已，執為己有，縱情受用。菩薩見已，起憐愍心，發生利益安樂意樂。隨力所能，逼而奪取。勿令受用如是財物，當受長夜無義無利。由此因緣，所奪財寶。若僧伽物，還復僧伽。窣堵波物，還窣堵波。若有情物，還復有情。又見衆生，或園林主。取僧伽物，窣堵波物，言自己有，恣情受用。菩薩見已，思擇彼惡，起憐愍心。勿令因此邪受用業，當受長夜無義無利。隨力所能，廢其所主。菩薩如是雖不與取，而無違犯，生多功德。

〔解曰〕前條是奪他名位。後條是奪他財寶。以憐愍心能生功德然僧伽物還復僧伽乃至有情之物，還諸有情。故無犯也。倘分毫沾染。是名賊復劫賊矣。

◉異熟果報

華嚴二地品云，偷盜之罪，亦令衆生墮三惡道。△若生人中，得二種果報，

一者貧窮，

二者共財不得自在。

〔解曰〕盜亦三種三品，牽墮三塗，例如殺戒所明。共財者，世間財物，五家所共。謂王，賊，水，火，不肖子孫。惟功德法財，乃不共他有也。

十善業道經云。若離偷盜，即得十種可保信法。

一資財盈積．王賊水火．及非愛子．不能散滅。
二多人愛念。
三人不欺負。
四十方讚歎。
五不憂損害。
六善名流布。
七處衆無畏。
八財命色力安樂辯才．具足無缺。
九常懷施意。
十命終生天。
若能迴向菩提．後成佛時．得證清淨大菩提智。
淨戒品云。離不與取亦四果報。
一者於現生中．得離貪嫉．身心安樂。
二者以離貪嫉．一切衆生之所信向．委寄任用．無復疑惑。與諸有情而作伏藏。
三者於未來世．得大富饒．豪貴自在。所有珍財．王賊水火．無能侵奪。

四者。能與殑伽沙等一切諸佛主功德藏。所謂十八不共法等清淨法財。二乘之人。耳尚不聞。何況得見。

(庚)第三婬戒

若佛子。文分三。初標人。二序事。三結罪。△今初標人

自婬教人婬。乃至一切女人不得故婬。二序事分三。初不應。二明應。三結不應。△初不應分三。初舉婬事。二明成業。三舉輕況重。△今初舉婬事

合註 婬者。汚穢交遘。鄙陋堪恥。名非梵行。亦名爲不淨行。正是生死根本。自婬者。自作汚行。教人者。勸他作汚染行。如媒嫁等事。自無迷染。但結輕垢。是此戒兼制。不同殺盜一槪結重。或有一種別異煩惱。教人於自身行婬。此則結重。發隱 問。亦有呪婬。如摩登伽先梵天呪。是也。今何不制。答。婬事易就。非殺盜比。何待呪術。故略之也。

婬因。婬緣。婬法。婬業。二明成業

合註 婬因者。染汚之心。婬緣者。瞻視隨逐等事。婬法者。摩觸稱嘆等事。婬業者。二根交接。入如胡麻許。卽成婬罪。不論精之出與未出。(發隱)大意一念本起婬心爲因。多種助成其婬爲緣。婬中資具方則爲法。正作用成就婬事爲業也。

乃至畜生女、諸天鬼神女、及非道行婬。（三舉輕況重）

合註 乃至畜生女等、舉劣結過。非道者。如善生經云。若於非時、非處、非女、處女、他婦、若屬自身、是名邪婬。釋曰。此六皆不順世間道理、故名非道也。非時者。或在日中。或月六齋日、年三齋月。或八王日。或自妻娠妊產後等。非處者。除小便道、或於大便道。及口中。非女者。或是男子、或黃門二根。處女者。未曾嫁人、又非己所攝受。他婦者。屬他所攝。自身者。令他人於自身或大便道、或口中、作不淨行。

而菩薩應生孝順心、救度一切衆生、淨法與人。（二明應）

合註 淨法與人者。應教人精持梵行、永離生死苦本也。發隱 觀衆生皆吾父母、息滅邪心、是名孝順心也。又邪婬逆理、亦不順故。

而反更起一切人婬、不擇畜生、乃至母女姊妹六親行婬、無慈悲心者。（三結不應）

是菩薩波羅夷罪。（三結罪）

案靈芝律主云。心行微細、麤情不覺。縱知違戒、制御猶難。豈況悠悠、終無淸脫。請臨現境、自審狂心。或宛轉迴頭。或殷勤舉眼。或聞聲對語、或吸氣緣根。雖未交身、已成穢業。大聖深制、信不徒然。諒是衆苦之源。障道之本。是以托腥臊而爲體。全欲染以爲心。漂流於生死海中。焉能知返。交結於根塵網裏。實謂難逃。當自悲嗟。深須勉強。或觀身不淨。卽是屎囊。或諦彼婬根。實唯便道。或緣聖像。或念佛名。或誦眞經。或持神呪。或專憶受體。或攝念在心。或見起滅無常。或知唯識所變。隨心所到。著力治之。任性隨流。難可救也。△又云。濁世障深。慣習難斷。初心怯懦。容退菩提。故須期生彌陀淨土。況復圓宗三聚。卽是上品三心。律儀斷惡。卽至誠心。攝善修智。卽是深心。攝生利物。卽迴向發願心。旣具三心。必登上品。得無生忍。不待多生。成佛菩提。了無退屈。此又行人究竟域心之處矣。

◉結罪重輕

此戒備三緣成重。一是道。二婬心。三事遂。

一、是道
- 於人天修羅鬼神畜生
  - 諸女三道中（小便道 口道 大便道）行婬 —— 皆犯重
  - 諸男 —— 二道中（大便道 口道）行婬 —— 皆犯重
- 於人黃門乃至畜生黃門 —— 二道中（大便道 口道）行婬 —— 皆犯重
- 於人二根乃至畜生二根 —— 二道中（大便道 口道）行婬 —— 皆犯重
- 於一切已死者三道未壞於中行婬 —— 皆犯重

二、婬心 心生喜樂。如饑得食。如渴得飲。非如熱鐵刺心。臭屍繫頸等。

三、事遂
- 於三道中男根得入如胡麻許 —— 犯重（失戒體）
- 未入而中止 —— 結方便罪

〔開　緣〕

為怨家所執、如熱鐵刺身、惟苦無樂。┐
或熟睡不知、或狂亂壞心、或轉生不自憶。┘無犯

●善識開遮

菩薩戒本云。又如菩薩、處在居家。見有女色、現無係屬、習婬欲法。繫心菩薩、求非梵行。菩薩見已、作意思惟。勿令心恚、多生非福。若隨其欲、便得自在、方便安處、令種善根、亦當令其捨不善業。住慈愍心、行非梵行。雖習如是穢染之法、而無所犯、生多功德。出家菩薩、為護聲聞聖所教誡、令不壞滅、一切不應行非梵行。

〔解曰〕處在居家、則斷非出家人事。現無係屬、則斷非他所守護。繫心來求、則斷非自起染心。方便安處、則斷是以禮攝受。故無犯而有功也。出家菩薩、護聖教誡、豈容稍藉口哉。

●異熟果報

華嚴二地品云。邪婬之罪、亦令衆生墮三惡道。若生人中、得二種果報。

一者、妻不貞良。

二者、不得隨意眷屬。

〔解曰〕。邪婬亦三品分別。母女姊妹六親行婬、名上品。餘一切邪婬、名中品。己妻非時非

處等爲下品。又約心猛弱論三品。又約悔不悔論三品。致感三塗也。

十善業道經云若離邪行。卽得四種智所讚法。

一、諸根調順。

二、永離喧掉。

三、世所稱歎。

四、妻莫能侵。

若能迴向菩提。後成佛時。得佛丈夫隱密藏相。

淨戒品云。離欲邪行。亦四種報。

一者。於現生中。一切人天之所稱讚。亦無疑阻。人所敬重。遠離惡名。

二者。六根調順。令染欲火勢力微劣。

三者。未來生處。父母宗親妻子眷屬。孝友貞順。純一無雜。離於女人所有過失。令諸衆生無復染愛。

四者。爲離邪婬。而得馬王陰藏之相。乃至成就無上菩提。

(庚)第四妄語戒

若佛子。文分三。初標人。二序事。三結罪。△今初標人

自妄語。教人妄語。方便妄語。

二、序事分三。初、不應。二、明應。三、結不應。△初、不應
分三。初、明妄語。二、成業相。三、舉況。△今初明妄語

合註 虛而不實。欺凡罔聖。迴惑人心。名為妄語。此有四別。一「妄言」。謂見言不見。不見言見。聞覺知等亦爾。共稱八種妄語。眼根名見。耳根名聞。鼻舌身三名覺。亦名為觸。鼻亦可名為聞。意根名知。又實有言無。實無言有。乃至法說非法。非法說法等。但令違心而語。皆名妄言。二「綺語」。謂一切華靡浮辭。無義無利。及一切世間王論賊論飲食論等。三「兩舌」。謂向此說彼。向彼說此。互相離間。令成乖諍。四「惡口」。謂麤重罵詈。忿怒呪咀。令他不堪。此戒正制大妄語罪。餘一切妄言綺語。是此戒兼制。若兩舌惡口重者。自屬說過毀他二戒。輕者自屬十三十九戒制也。自妄語者。自言我得十地辟支四果四向四禪四空。成不淨觀。成安般念。六通八解。天來龍來。修羅鬼神悉來問答。或言已斷結使。或言永離三塗。如是等。虛而不實。圖致名利。名大妄語。教人妄語者。教人為我傳揚美德。以致名利。同重。若教人自言是聖。名利自屬彼人。但結輕垢。此戒兼制。方便妄語者。作種種顯異方便。或借鬼神仙乩。或用呪術。令人得夢境等。

妄語因。妄語緣。妄語法。妄語業。

二、成業相

合註 妄語因者。起心欲誑他人。以取名利。妄語緣者。行來動止。語默威儀。種種方便。以顯聖

德。妄語法者。卽十地四果等法。妄語業者。了了出口。前人領解。（發隱）大意一念本起妄語心爲因。多種助成其妄爲緣。妄語中資具方則爲法。正作用成就妄語爲業也。

乃至不見言見。見言不見。身心妄語。三舉況

合註 乃至等者。舉輕況重。兼制小妄言也。身心妄語者。身業表相。亦名妄語。如問其得果。點首示相。問淸淨不。默然不答等。由欺誑心表示身相。令前人領解。口雖不言。亦名妄語也。

而菩薩常生正語正見。亦生一切衆生正語正見。二明應

合註 正語者。如實而語。正見者。爲生死爲菩提。爲衆生不爲名利。（發隱）外正語。內正見。合上身心不妄語也。是不敢道非。凡不敢道聖。皆正語正見也。

而反更起一切衆生邪語邪見邪業者。三結不應

合註 邪業者。依於邪語邪見。必成邪命惡業也。發隱 菩薩當化一切衆生正其三業。今反導彼以邪心發邪語。遂至造作邪業而招苦報。豈大士之體乎。

是菩薩波羅夷罪。三結罪

發隱 忍昧獨知之天。稱凡作聖。使初學彷徨失守。迷亂不前。正謂欺凡罔聖。迴惑人心者也。上干諸佛。下誤衆生。是故犯重。

◉結罪重輕

此戒備五緣成重。一是衆生。二衆生想。三欺誑心。四說重具。五前人領解。

一是衆生
- 上品境
  - 向父母師僧妄語 —— 犯重
  - 向諸聖人妄語
    - 未證他心智者 —— 犯重
    - 不惑。又能以神力遮餘人令不聞。—— 結方便罪
- 中品境
  - 天
    - 有他心通者 —— 結方便罪
    - 無他心通者 —— 犯重（正是迴惑之境）
  - 人 —— 犯重（正是迴惑之境）
- 下品境 —— 既有解語受戒之機。以鼓惑鬼畜。尤堪作名利媒故。—— 犯重（或可失戒重受。或結不失戒重。）

衆生想

亦當疑僻六句。二重。二輕。二無犯。如前可知。

- 聖人想
  - 聖人
    - 聖人想 —— 結輕
    - 聖人疑 —— 結輕
    - 非聖人想 —— 稍重
  - 聖人想 —— 稍輕

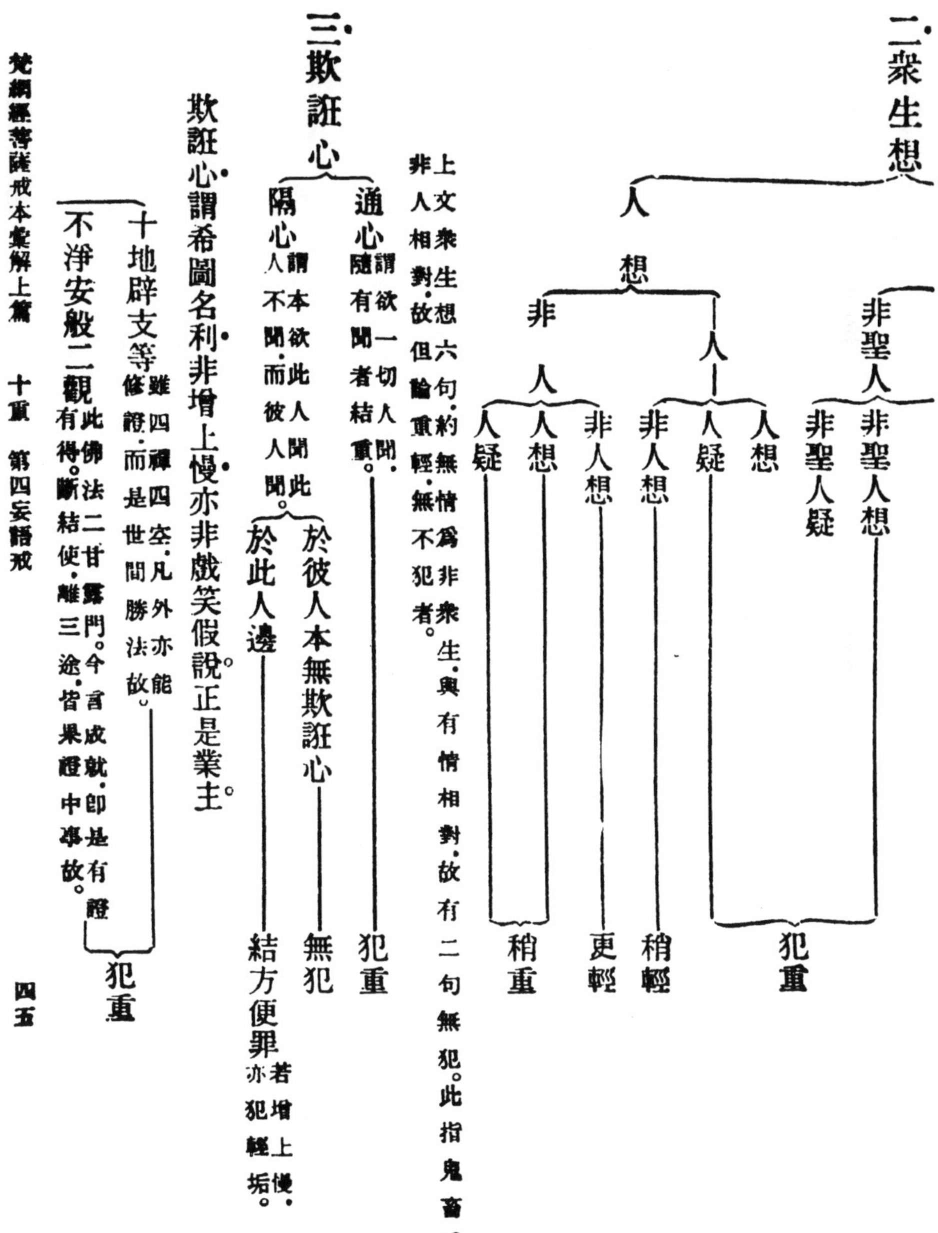

二、衆生想
人想
非聖人
非聖人想
非聖人疑
人
人想
人疑
非人想
非人
非人想
人想
人疑
犯重
稍輕
更輕
稍重
上文衆生想六句，約無情爲非衆生，與有情相對，故有二句無犯。此指鬼畜爲非人相對，故但論重輕，無不犯者。
三、欺誑心
通心 謂欲一切人聞，隨有聞者結重。
犯重
隔心 謂本欲此人聞，此人不聞，而彼人聞。
於彼人本無欺誑心
無犯
於此人邊
結方便罪 若增上慢，亦犯輕垢。
欺誑心、謂希圖名利，非增上慢，亦非戲笑假說，正是業主。
十地辟支等 雖四禪四空，凡外亦能修證，而是世間勝法故。
不淨安般二觀 此佛法二甘露門。今言成就，即是有證有得。斷結使，離三途，皆果證中事故。
犯重

四．說重具

- 誤說不遂（若欲說初果誤說二果．欲說二果誤說初果等．不遂妄語本懷故。）——結方便罪
- 屬凡夫法（若言成就總別相念．煖頂等法．乾慧性地．別十信圓五品等。）——或結輕（似不結重。或雖重亦不失戒。）
- 虛而不實（若言旋風土鬼來至我所．若言持戒清淨．善通三藏．能習禪思等。）——犯輕垢

五．前人領解

- 向人
  - 領知信服（或自說．或教人說．或作書說。但令彼人領知信服時。）——結重
  - 對面不解——結輕
  - 追思忽解（先對面不解．後追思前言忽解時。）——結重
- 向己（人問得果得道否）
  - 點首自肯者——結重
  - 默然不言非者——結輕
  - 案向人向己二目．為方便故加。非本有也。
- 餘小妄語
  - 餘小妄語等．隨一一語結一一輕垢．隨多人領解結多多輕垢。——結輕
  - 若增上煩惱．數數違犯無慚愧心。——結重（失戒體）

若增上煩惱．數數違犯．無慚愧心．失菩薩戒。失戒後更說．止得性罪。若深生慚愧．永斷相續．亦許更受．未必須先見相也。

〔開緣〕

- 犯亂病壞心
- 後生不自憶

——無犯

戲笑說．獨說．誤說。

向人說十地四果等法．不言自證。

〔兼制〕出戒本經

綺語戒

若掉動心不樂靜．高聲嬉戲．令他喜樂。——犯染污起

若忘誤——犯非染污起

開緣

為斷彼故起欲方便．攝受對治．性利頗慢更數數起。

若他起慊恨．欲令止故。

若他愁憂．欲令息故。

若他性好戲．為攝彼故．欲斷彼故．為將護故。

若他疑菩薩慊恨違背．和顏戲笑現心淨故。

——無犯

世論戒

若以染污心論說世事經時——犯染污起

若忘誤經時——犯非染污起

開　緣

若見他聚話，護彼意故，須臾暫聽。
若暫答他問，未曾聞事。——無犯

◉善識開遮

戒本云。又如菩薩爲多有情解脫命難，囹圄縛難，刖手足難，劓鼻刵耳剜眼等難。雖諸菩薩爲自命難，亦不妄語。然爲救脫彼有情故，知而思擇故作妄語。自無染心，惟爲饒益諸有情故，於菩薩戒無所違犯，生多功德。△又如菩薩見諸有情信樂倡妓吟咏歌諷，或有信樂王賊飲食婬蕩街衢無義之論。菩薩於中皆悉善巧，於彼有情起憐愍心，發生利益安樂意樂，現前爲作倡妓吟咏歌諷，王賊飲食，婬衢等論。令彼有情歡喜引攝，自在隨屬，方便獎導出不善處，安立善處。菩薩如是現行綺語，無所違犯，生多功德。

又大般涅槃經云。一切衆生，雖有佛性，要因持戒，然後乃見。因見佛性，得成阿耨多羅三藐三菩提。若有說言，佛說一切衆生悉有佛性，煩惱覆故，不知不見。是故應當勤修方便，斷壞煩惱。作是說者，當知不犯四重。若有說言我已成就阿耨多羅三藐三菩提。何以故，以有佛性故，有佛性者，必定當成阿耨多羅三藐三菩提。以是因緣，我今已得成就菩提。當知是人犯波羅夷。何以故。雖有佛性，以未修習諸善方便，是故未見。以未見故，不能得

成阿耨多羅三藐三菩提

◉異熟果報

二地品云妄語之罪亦令衆生墮三惡道。△若生人中。得二種果報。

一者。多被誹謗。

二者。爲他所誑。

綺語之罪亦令衆生墮三惡道。△若生人中。得二種果報。

一者。言無人受。

二者。語不明了。

〔解曰〕大妄語亦分三品。對父母師僧人天爲上品。對鬼畜等爲中品。對佛菩薩聖人爲下品。以不受惑故也。△又欺誑心强弱分三品。又悔不悔分三品。以此牽墮三塗。△小妄語及綺語則對上境爲上品。罪在欺侮故。對中境爲中品。對下境爲下品。△又亦約心約悔論三品。牽三塗也。

十善業道經云。若離妄語。即得八種天所讚法。

一。口常清淨。優鉢羅香。

二。爲諸世間之所信伏。

三、發言誠證，人天敬重。
四、常以愛語，安慰衆生。
五、得勝意樂，三業清淨。
六、言無誤失，心常歡喜。
七、發言尊重，人天奉行。
八、智慧殊勝，無能制伏。

若能迴向菩提，後成佛時，即得如來眞實語。

若離綺語。即得成就三種決定。

一、定為智人所愛。
二、定能以智如實答問。
三、定於人天威德最勝，無有虛妄。

若能迴向菩提，後成佛時，得如來諸所授記，皆不唐捐。

淨戒品云：離虛誑語，亦四種報。

一者、現行實語，諸天憐念，常共守護。
二者、既無虛誑，衆生信受，若說法時，人皆諦信，無勞功力，乃至斷妄語者，不復造作惡業。何以故。以他問時，如實答故。若在閒靜，不起妄念。何以故。若人問我，汝閒居時，生妄念否。若言無者，是虛誑語。若言有者，羞愧他人。以是因緣，能令妄心漸漸微薄。

三者所生之處，口中常出青蓮華香，蘇曼那香。一切有情之所愛敬。不疑他人有虛誑語，亦令他人信己實語。能令衆生永斷疑網。

四者所有言辭，人皆信受，能令衆生聞法歡喜。乃至當得無上菩提。

離無義語，亦四種報。

一者現在世中，智人讚歎。心無卒暴，而得安樂。

二者所出言教，人皆信受。麤惡微薄。

三者未來生處，恆聞種種如意音聲。

四者漸次能得無上菩提。獲無礙辯。設彼大千世界，一切天龍人非人等，來詣佛所，同於一時，各各別問自所疑事。時佛於一剎那，以一言音，悉能酬對。皆契本心，斷除疑網。

若佛子。

(庚)第五酤酒戒

文分三。初，標人。二，序事。三，結罪。△今初標人

自酤酒。教人酤酒。（二序事分三。初。不應。二。明應。三。結不應。△初。不應分三。初。舉酤事。二。成業相。三。舉況。△今初。舉酤事）

【合註】酤者貨賣求利。酒者飲之醉人。是無明藥。自酤者身行貨賣。教人者令他爲我賣酒。同重。若教他自酤。利不入已。結輕。乃此戒兼制。【義疏】酒是無明之藥。令人惛迷。大士之體。與人智慧。以無明藥飲人。非菩薩行。

酤酒因。酤酒緣。酤酒法。酤酒業。（二成業相）

【合註】因者求利之心。緣者種種器具。法者斤兩價直。出納取與等事。業者運手賣酒授與前人。（發隱）大意一念本起酤酒心爲因。多種助成其酤爲緣。酤酒中資具方則爲法。正作用成就酤酒事爲業也。

一切酒不得酤。是酒起罪因緣。（三舉況）

【合註】一切酒者。西域酒有多種。或華或果。皆可造酒。但令飲之醉人。皆不得酤。起罪因緣者。四分律明飲酒十失。一顏色惡。二少力。三眼視不明。四現瞋恚相。五壞田業資生法。六增致疾病。七益鬬訟。八無名稱惡名流布。九智慧減少。十身壞命終墮三惡道。大論復明三十五失等。（發隱）大莊嚴論云。佛說身口意三業之惡行。惟酒爲根本。惡行根本。正起罪因緣也。

而菩薩應生一切衆生明達之慧。（二明應）

【發隱】簡是別非。無所昏蔽。曰明。趣是背非。無所滯礙。曰達。菩薩應啓發衆生如是智慧。令捨迷途登覺岸。乃大士之體也。

而反更生一切衆生顚倒之心者。三結不應

發隱承上酤酒與人使人顚倒。是非不辨趣背乖宜。迷惑錯亂。名顚倒也。

是菩薩波羅夷罪。三結罪

發隱問。飲酒犯輕。酤酒未必飲。云何犯重。答。由酤乃有飲。飲之害有限。酤之禍無窮。故儀狄造酒。禹輒疏焉。菩薩犯之。安得不招棄罪。

◉結罪重輕

此戒備五緣成重。一是衆生。二衆生想。三希利貨賣。四是眞酒。五授與前人。

一是衆生
- 上品
  - 賣與無醉亂人——犯輕
  - 賣與有醉亂人——犯重
- 中品——人天 正是所制——犯重
- 下品 舊云結輕。以亂道義弱故。今云酤與受戒鬼畜等。亦重。——犯重

上品
- 醉亂醉亂想醉亂疑二句。——犯重
- 餘四句——犯輕
- 下品想一句。及下品三句。——犯輕

二、衆生想——中品——中品想中品疑二句。——犯重
　　　　　　下品——有戒有戒想有戒疑二句。——犯重
　　　　　　　　　餘四句——犯輕

三、希利貨賣　正是業主出家菩薩。一切販賣求利都制。在家菩薩。只許如法求財。不許作此惡律儀也。

四、是眞酒——酒色。酒香。酒味。飲之醉人。——犯重
　　　　　　雖無酒色酒香。而有酒味醉人。——犯重
　　　　　　在家菩薩。或在婬舍。或賣淨肉。——犯輕垢以招呼引召。不能如酒故。

五、授與前人　從授受時。結重。

〔開緣〕
雖似酒色酒香。而無酒味。飲不醉人。——無犯
藥酒雖亦希利。不能亂人。在家菩薩酤者。——無犯

◉善識開遮
偏觀律論。惟遮不開。
●異熟果報

過酒器與人飲酒。尙云五百世無手。況復酤酒。

(庚)第六說四衆過戒

若佛子。文分三。初標人。二序事。三結罪。△今初標人

口自說出家在家菩薩比丘比丘尼罪過。教人說罪過。二序事分三。初不應。二明應。三結不應。△初不應分二。初明說事。二成業相。△今初明說事

合註說者向未受菩薩戒人。說大乘七衆罪。故向未受具戒人。說比丘比丘尼二衆罪過也。出家在家菩薩。即通指大乘七衆。比丘比丘尼。即別指小乘二衆。以住持僧寶。關係法門。故亦同重。(發隱)聲聞分罪輕重。菩薩咸重者。以大士慈物爲心。但有所說。皆傷慈也。發隱既云同法。若遇有過。應當三諫。殷勤密令悔改。內全僧體。外護俗聞。而乃恣口發揚。貽羞佛化。豈大士之心耶。問師於弟子。可說過否。答始則善誨。義同三諫。終不悛。教擯而絕之。幸勿泥此。姑息含容。養成巨惡。不教悔罪戒中當廣明也。

罪過因。罪過緣。罪過法。罪過業。二成業相

合註罪過因等。應云說因。說緣。說法。說業。因者說罪之心。緣者欲說時莊嚴方便。法者。輕重罪相。業者。了了出口。前人領解。

而菩薩聞外道惡人及二乘惡人說佛法中非法非律常生慈心教化是惡人輩令生大乘善信。（二明應）

【合註】二乘名惡人者。執一定之規繩。疑大人之作略。不知大乘妙用。故斥之為惡人。佛法中罪過者。揀非外道罪過。亦揀非犯邊罪已失戒人罪過也。

而菩薩反更自說佛法中罪過者。（三結不應）

【發隱】尚教化他人莫說。而反自說。慈心安在乎。信心安在乎。

是菩薩波羅夷罪。（三結罪）

◉結罪重輕

此戒備六緣成重。一衆生。二衆生想。三說罪心。四所說過。五所向人。六前人領解。

一。衆生
- 上中二境
  - 有菩薩戒比丘比丘尼戒者——犯重
  - 無菩薩戒比丘比丘尼戒者——犯輕
- 下境
  - 有菩薩戒者——犯重（但未必失戒。舊云有戒無戒皆輕。）
  - 無菩薩戒者——犯輕
- 前人犯重罪
  - 已失戒者——犯輕
  - 未失戒或重受者——犯重

二、衆生想　有戒無戒六句二重四輕。

三、說罪心
- 陷沒心—欲令前人失名利等
- 治罰心—欲令前人被繫縛等

　犯重（正是業主。不論虛實皆犯罪。）

四、所說過
- 重名重事
  - 作重想重疑說——犯重
  - 作輕想說——犯輕
- 輕名輕事
  - 作輕想輕疑說——犯輕
  - 作重想說——犯重

罪事者，殺盜婬妄飲酒食肉等事。罪名者，大則七逆十重輕垢，小則五篇七聚等名。或說罪事，或說罪名，各有當疑僻六句。

五、所向人
- 上中二境
  - 無菩薩戒爲說菩薩七衆過犯。
  - 無比丘比丘尼戒爲說二衆罪過。

  　犯重
- 下境—不論有戒無戒向說。——犯輕（毀損不深故）

六、前人領解
- 口業事遂（據此時結罪。隨語語結，隨人人結。）——結罪
- 若未解時——結方便

〔開緣〕
- 說罪心若獎勸心說，及僭差說罪。
- 所向人若向上中二境有大乘具戒者如法說。（實舉其過，令彼懺悔。）

　無犯

若所說不實，自屬謗毀戒。

◉善識開遮

惟除僧差及奬勸因緣。餘悉不開。

◉異熟果報

若所說是實。卽上品兩舌。亦兼惡口。若所說不實。復是妄語。

華嚴二地品云。兩舌之罪。亦令衆生墮三惡道。△若生人中。得二種果報。

一者眷屬乖離。

二者親族弊惡。

惡口之罪。亦令衆生墮三惡道。△若生人中。得二種果報。

一者常聞惡聲。

二者言多諍訟。

〔解曰〕兩舌惡口。約境約心。約悔不悔。亦各三品。牽墮三塗也。

十善業道經云。若離兩舌。卽得五種不可壞法。

一得不壞身。無能害故。

二得不壞眷屬。無能破故。

三得不壞信。順本業故。

四得不壞法行所修堅固故。
五得不壞善知識不誑惑故。
若能迴向菩提後成佛時得正眷屬諸魔外道不能沮壞。
若離惡口卽得成就八種淨業。
一言不乖度。
二言皆利益。
三言必契理。
四言辭美妙。
五言可承領。
六言則信用。
七言無可譏。
八言盡愛樂。
若能迴向菩提後成佛時具足如來梵音聲相。
淨戒品云不離間語亦四種報。
一者現在能令自他無諍所在安樂。

二者以和合故衆人愛敬過去所有離間語罪悉得銷滅於三惡趣心無憂懼。

三者於未來世得五種果(一)能獲金剛不壞之身世間刀杖無能損壞。(二)於所生處得善眷屬無諸乖諍不相捨離。(三)於所生處設不遭遇善友知識爲說法者自然覺悟無二法門。於佛法僧深生信向無有退轉。(四)令諸有情一心一事歡喜相向速能證得慈三摩地。(五)能勸發一切有情修習大乘令不退轉。

四者由遠離間常和合語得善眷屬隨順調伏乃至涅槃不相捨離。

離麤惡語亦四種報。

一者現在世中心常清淨與大悲雲降慈心雨。滅妄貪欲止恚風塵令得清淨。

二者輭語之人一切愛敬讚歎隨順令麤惡者漸得調伏。六根清淨三業無染。

三者於當來世永離三塗常生善處

四者漸次能得無上菩提具梵音聲說法之時隨類各解。而生念言今薄伽梵爲我說法不爲餘人。所說妙法皆契我心除我身心煩惱習氣。

(庚)第七自讚毀他戒

若佛子。文分三。初標人。二序事。三結罪。△今初標人

自讚毀他。亦教人自讚毀他。二序事分三。初不應。二明應。三結不應。△初不應分二。初明讚毀。二成業相。△今初明讚毀

合註自讚者。稱己功德。毀他者。譏人過惡。彼此互形。顯己德而彰人短。使名利歸於自身。故犯重也。教人者。或教人讚我毀他則重。或教彼自讚毀人則輕。

毀他因。毀他緣。毀他法。毀他業。二成業相

合註因者貪利之心。緣者作諸方便。法者陳其善惡。業者前人領解。

而菩薩應代一切衆生受加毀辱。惡事向自己。好事與他人。二明應

發隱代受衆生毀辱。意含不奪受衆生讚譽也。惡事向己者。明不毀他而反自毀也。好事與人者。明不自讚而反讚人也。

若自揚己德。隱他人好事。令他人受毀者。三結不應

發隱菩薩善戒經云。若菩薩爲人所讚。言是十住若阿羅漢等。默然受者得罪。據此則受人讚亦不可。何況自讚而兼毀他耶。

是菩薩波羅夷罪。三結罪

◉結罪重輕

此戒備五緣成重。一是衆生。二衆生想。三讚毀心。四說讚毀。具五前人領解。

一、是衆生
- 上境 ┐
- 中境 ┘ 犯重
- 下境 — 犯輕

二、衆生想
- 上中 { 上中想 / 上中疑 } 犯重
  或下境作上中想，亦重。
- 餘四句 — 犯輕

三、讚毀心　欲彰彼短，使名利悉歸於己，非爲折伏，非爲利益也。

四、說讚毀具　一種性，或尊或卑。二行業，或貴或賤。三伎術工巧，或上或下。四過犯，或有或無。五結使，或輕或重。六形相，或好或醜。七善法，或具不具。

五、前人領解　口業事遂，隨語語結重。

〔兼　制〕出戒本經
- 但自讚或但毀他
- 但以貪心自讚 ┐
- 但以瞋心毀他 ┘ 犯染汚起
- 不隨喜他善

知他衆生有實功德。以慊恨心。不向人說。亦不讚歎。有讚歎者。不唱善哉。——犯染污起

若懶惰懈怠放逸——犯非染污起

開緣

知彼少欲護彼意故。
若病若無力。
若以方便令彼調伏。
若護僧制。
若令彼人起煩惱起貢高起慢起非義除此諸患故。
若實功德似非功德
若實善說似非善說。
若為摧伏外道邪見。
若待說竟。
——無犯

◉善識開遮

戒本經云。若輕毀外道。稱揚佛法。若以方便令彼調伏。捨離不善。修習善法。又令不信者信。信者增廣。

◉異熟果報

自讚若實。卽如婬女爲一錢故而現戲笑。若復不實。自得大妄語報。毀他若實。名爲惡口。不實復兼妄語。所有果報。悉如上說。

(庚)第八慳惜加毀戒

若佛子。 文分三。初標人。二序事。三結罪。△今初標人

自慳教人慳。 二序事分三。初不應。二明應。三結不應。△初不應分二。初明慳悋。二成業相。△今初明慳悋

合註 悋惜所有。名之爲慳。或悋財。或悋法。皆所不應。教人者。或使人爲我拒毀則重。或教人自行慳毀則輕。

慳因。慳緣。慳法。慳業。 二成業相

合註 因者。鄙悋之心。緣者。莊嚴方便。法者。示祕惜打罵等相。業者。前人領納。

而菩薩見一切貧窮人來乞者。隨前人所須。一切給與。 二明應

合註 貧窮人者。或貧於財。或窮於法。又空乏之名貧。空乏之則手足無措名窮。財法皆有貧窮二苦也。隨前人所須者。財則若多若少。法則若大若小。皆應與之。(發隱)身貧乞財。施之以財。心貧乞法。施之以法。隨其所須。無不滿願。故云一切給與。

發隱 優婆塞戒經云。見乞者多少隨宜給與。空遣還者得罪。按此則知在家尚

宜布施。況出家菩薩學大悲者耶。

而菩薩以惡心瞋心。乃至不施一錢一針一草。有求法者。不爲說一句一偈一微塵許法。而反更罵辱者。三結不應

合註惡心者。慳恪鄙惜。瞋心者。不喜其人。明非見機折伏也。決定毘尼經云。在家菩薩。應行二施。一財。二法。出家菩薩行四施。一紙。二墨。三筆。四法。得忍菩薩行三施。一王位。二妻子。三頭目皮骨。義疏當知凡夫菩薩。隨宜惠施。都杜絕。故犯也。發隱此制有而不施者。如其無法。自應實對。不可誑妄說法。疑悞前人。反取深咎。

是菩薩波羅夷罪。三結罪

◉結罪重輕

此戒備五緣成重。一衆生。二衆生想。三慳毀心。四示慳毀相。五前人領納。

一。衆生——上中下三境
- 有戒者——皆重
- 無戒者——皆輕

二。衆生想　衆生想六句。三重三輕。如前說。

- 惡瞋恪惜財法。欲以打罵拒絕。——是犯

三、慳毀心

若彼不宜聞法得財、宜見訶辱。——無犯

發隱云。不宜聞法者、或根劣非器、或聞反生謗之類是也。不宜得財者、或用財造惡、或因財得禍之類是也。宜見訶辱者、或頑愚因懲治而改悔、或豪傑由折挫而興起之類是也。如斯慳毀、正是成就彼人、何犯之有。

四、示慳毀相

或隱避不與財法、或言都無、或手杖驅斥、或惡言加罵、或自作、或使人打罵。——皆重

求者三至若不施者。——犯重　善戒經云。若方便慰喻、令求者不生恨心、無犯。

求者二種。一者貧窮、二者邪見。不施貧者則便得罪、不施邪見則不為犯。

五、前人領納

知我慳悋之相、受我打罵之辱、隨事隨語結罪。——結重

若彼遣使求財請法、對使人慳惜、遣作訶罵、既非對面、損惱稍輕。——結輕　或雖重不失戒

〔開緣〕 出戒本經

不與財

若自無。

若求非法物。

若不益彼物。

若以方便令彼調伏。

若彼犯王法、護王意故。

若護僧制。

不與法

若外道求短。
若重病若狂。
若知不說令彼調伏。
若所修法未善通利。
若知前人不能敬順威儀不整。
若彼鈍根聞深妙法生怖畏心。
若知聞已增長邪見或毀呰退沒。
若彼聞已向惡人說。
——無犯

〔兼制〕不將護徒衆 謂法及衣食二事 將護△出戒本經

若菩薩攝受徒衆。以瞋恨心。不如法教授。不能隨時求衣食臥具醫藥房舍。隨時供給。——犯染汚起

若懶惰懈怠——犯非染汚起

開緣

若以方便令彼調伏。若護僧制。若病。若無力。若使有力者說。若彼有力多知識大德自求衆具。若曾受教自已知法。若外道竊法不能調伏。——無犯

●菩識開遮

戒本經云。觀衆生應以苦切之言。方便利益。恐其憂惱而不爲者。是犯非染汚起。不犯者。

觀彼現在少所利益。多起憂惱。

慳毀之罪亦在三塗。又慳財餘報。生生貧窮。慳法餘報。世世愚鈍。當知不慳。即是無貪善根所攝。

◉異熟果報

十善業道經云。若離貪欲。即得成就五種自在。

一。三業自在。諸根具足故。

二。財物自在。一切怨賊不奪故。

三。福德自在。隨心所欲。物皆備故。

四。王位自在。珍奇妙物。皆奉獻故。

五。所獲之物。過本所求百倍殊勝。由於昔時不慳嫉故。

若能迴向菩提。後成佛時。三界特尊。皆共敬養。

淨戒品云。離貪嫉者亦四種報。

一。者現在世中。於他富貴。起隨喜心。不捨毫釐。獲大功德。

二。者一切愛敬。身心安樂。威德自在。能淨心中貪欲雲翳。猶如夜月。衆星圍遶。

三。者所生之處。六根圓滿。財寶豐足。衆人愛敬。常行惠施。無礙辯才。處衆無畏。

四者。乃至證得無上菩提。衆聖圍遶。功德最上。一切衆生。同受敎命。

（庚）第九瞋心不受悔戒

若佛子。文分三。初標人。二序事。三結罪。△今初標人

自瞋教人瞋。二序事分三。初不應。二明應。三結不應。△初不應分二。初明瞋事。二成業相。△今初明瞋事

發隱問。瞋非樂事。云何教人。能令彼聽。答。人固有本性凶暴。敎以忍則不喜。敎以瞋則樂從者。秦皇之賢逐客。漢主之悅智囊是也。

瞋因。瞋緣。瞋法。瞋業。二成業相

合註因者。忿恨隔絕之心。緣者。瞋隔方便。法者。示相發口。業者。前人領解。

而菩薩應生一切衆生善根無諍之事。常生慈悲心。孝順心。二明應

發隱心地平等。本自無諍。此衆生善根也。當生起衆生善根中如是美事。而乃自處瞋恚鬬諍之地可乎。慈悲者。觀諸衆生如保赤子。不忍傷也。孝順者。觀諸衆生如己父母。不忍逆也。

而反更於一切衆生中。乃至於非衆生中。以惡口罵辱。加以手打。及以刀杖。意猶不息。前人求悔。善言懺謝。猶瞋不解者。三結不應

【合註】非衆生者。變化幻人等。彼雖無情。作有情想而行嗔辱。亦犯輕也。【發隱】霜之雪之。昊天非害物也。正所以培生育之原。責之治之。聖人非絕人也。正所以闢自新之路。瞋心縱而不休。衆生隔而不接。豈大士之體乎。聲聞本無大慈止犯。七聚非今例也。

是菩薩波羅夷罪。三結罪

●結罪重輕

此戒備五緣成重。一衆生。二衆生想。三瞋隔心。四示不受相。五前人領解。

一衆生｛上中二境——犯重；下境——犯輕（或有戒者亦重。但不失戒。）｝

二衆生想　六句如上。

三瞋隔心　心懷忿恨不欲和解。正是業主。

四示不受相　或關閉斷隔。發口不受。

五前人領解　知彼不受。隨身口業多少結重。

〔開　緣〕

若以方便令彼調伏——
若彼不如法悔其心不平不受其懺。——｝無犯

〔兼制〕出戒本經

不如法懺謝

若菩薩傻犯他人。或雖不犯，令他疑者。慊恨輕慢，不如法懺謝。——犯染污起

若懶惰懈怠——犯非染污起

開緣

若以方便，令彼調伏。
若彼欲令作不淨業然後受者，不謝。
若知彼人性好鬬訟，若悔謝者，增其瞋怒。
若知彼和忍，無慊恨心，恐彼慚恥，不謝
——無犯

不受懺謝

若他人來犯，如法悔謝。菩薩以慊恨心，欲惱彼故，不受其懺。——犯染污起

若不慊恨，性不受懺。——犯非染污起

開緣

若以方便，令彼調伏，如前說。
若彼不如法悔，其心不平。
——無犯

◉善識開遮

戒本經云。見有衆生應訶責者。應折伏者。應罰黜者。以染汚心不訶責。若訶責不折伏。若折伏不罰黜。是犯染汚起。△若嬾惰懈怠。犯非染汚起。不犯者。彼不可治。不可與語。難可教誨。多起慊恨。若觀時。若恐因彼起鬭諍相違。若相言訟。若僧諍。若壞僧。若彼不諂曲。有慚愧心。漸自改悔。

又云。若菩薩成就種種神力。應恐怖者而恐怖之。應引接者而引接之。欲令衆生消信施故。不以神力恐怖引接者。是犯非染汚起。不犯者。若彼衆生更起染著。外道謗聖。成就邪見。若彼發狂。若增苦受。一切不犯。

又唐譯戒本云。又如菩薩見諸有情。爲行越路。非理而行。出麤惡語。猛利訶擯。方便令其出不善處。安立善處。菩薩如是以饒益心。於諸有情出麤惡語。無所違犯。生多功德。〔解曰〕以饒益心。則非瞋隔。心明矣。

◉異熟果報

二地品云。瞋恚之罪。亦令衆生墮三惡道。△若生人中。得二種果報。

一者常被他人求其長短。

二者恆被於他之所惱害。

十善業道經云。若離瞋恚。即得八種喜悅心法。

一無損惱心。

二無瞋恚心。

三無諍訟心。

四柔和質直心。

五得聖者慈心。

六常作利益安衆生心。

七身相莊嚴。衆共尊敬。

八以和忍故。速生梵世

若能迴向菩提。後成佛時。得佛無礙心。觀者無厭。

淨戒品云。離瞋恚者。亦四種報。

一者現世六根聰利。儀容可觀。人所親附。

二者心無瞋恚。一切惱害打罵訶責。盡皆不起。譬如有人持迦嚕羅呪。一切諸毒。無能害之。以無恚怒。增長慈心。以慈眞言。令三十六俱胝天魔鬼神。悉皆摧伏。奉慈眞言。無所損害。

三者、於未來世、以慈心梯、上生梵世、一劫安樂。令諸衆生、斷惡修善、四者、漸次能得無上菩提、具足莊嚴三十二相八十種好、熾然炳著。無量功德、蘊集其身。

（庚）第十謗三寶戒

若佛子。文分三。初標人。二序事。三結罪。△今初標人

自謗三寶、教人謗三寶。二序事分三。初不應。二明應。三結不應。△初不應分二。初明謗事。二成業相。△今初明謗事

合註 此戒亦名謗菩薩藏說相似法。或云邪見邪說戒。謗者、乖背之稱。凡解不稱理。言不審實、異解異說、皆名為謗。發隱 世有著作謗辭、傳播後代、初學淺識、隨而和之。此則自謗教他、實兼備焉。取快目前。遺殃累劫矣。案此惡風。於今為熾。世智聰辯之禍。一至此哉。

謗因、謗緣、謗法、謗業。二成業相

合註 因者、邪見之心。緣者、邪說方便。法者、言說著述等事。業者、前人領解。

而菩薩見外道及以惡人、一言謗佛音聲、如三百矛刺心。二明應

發隱 心外求法、皆名外道。非必極邪也。心捨大乘、皆名惡人。非必巨慝也。

況口自謗。不生信心、孝順心、而反更助惡人邪見人謗者。三結不應

【義疏發隱】承上不忍耳聞，況口自謗。不敢自謗，況助人謗。故得罪也。計惟有大乘，都無小乘，或于方等部中言一部非佛說等，皆犯謗罪。新學小生特宜謹此，毋逞淺解，自取愆尤。

是菩薩波羅夷罪。 三結罪

【發隱】紹隆三寶，菩薩法也，今反謗焉，寧不犯重。

◉結罪重輕

此戒備五緣成重：一衆生。二衆生想。三欲說心。四正吐說。五前人領解。

一、衆生
- 向上中二境謗 —— 犯重
- 向下境謗 —— 犯輕

二、衆生想　六句如前說可知。

三、欲說心　欲說心者，謂邪見推畫，唯此是實，餘皆虛妄。既心有謬解，喜向人說也。

欲說心
- 上邪見 — 撥無因果，如闡提等。—— 犯重（案原本未標犯何罪，今為補入。）
- 中邪見
  - 心知三寶勝，口說不如，語語結重。—— 犯重（既未翻歸，不失戒體。）
  - 謂三寶不及外道，若心中計成 —— 犯失戒重
- 下邪見 — 棄大取小，計成。—— 犯失戒重

計若未成，犯輕，屬心背大乘戒儀。

雜邪見
- 偏執
  - 執大謗小
  - 偏謗一部　於方等中偏言一部非佛說。
  - ——犯染汚起
- 雜信　不背因果及三寶大乘。但言外道鬼神亦有威力。奏章解神。或復勸他。
- 繫念小乘　知大乘高勝。且欲先取小果。後更修大。此名念退
  - 此亦暫違菩提心戒攝
- 思義僻謬
  - 輕自去取。復有知他爲是。强欲立異。
  - ——犯輕垢
  - 如今人義淺。三五家釋是智力不及——無犯
- 說相似法——犯染汚起

案戒本經云。若菩薩如是見如是說言。菩薩不應樂涅槃應背涅槃。不應怖畏煩惱。不應一向厭離。何以故。菩薩應於三阿僧祇劫久受生死。求大菩提。作如是說者。是犯染汚起。何以故。聲聞深樂涅槃。畏厭煩惱。百千萬倍不及菩薩深樂涅槃。畏厭煩惱。謂諸聲聞。但爲自利。菩薩不爾。普爲衆生。

四．正吐說　若自說。若令人傳說。若作書著述等。

五．前人領解
- 納受邪言
- 披書發解
- ——隨語語結罪

◉善識開遮

唯遮不開。

●異熟果報

二地品云。邪見之罪．亦令衆生墮三惡道。△若生人中．得二種果報。

一者．生邪見家。

二者．其心諂曲。

十善業道經云。若離邪見．即得成就十功德法。

一．得眞善意樂眞善等侶。

二．深信因果．寧殞身命．終不作惡。

三．唯歸依佛．非餘天等。

四．直心正見．永離一切吉凶疑網。

五．常生人天．不更惡道。

六．無量福慧．轉轉增勝。

七．永離邪道．行於聖道。

八．不起身見．捨諸惡業。

九．住無礙見。

十．不墮諸難。若能迴向菩提．後成佛時．速證一切佛法．成就自在神通。

淨戒品云。離邪見者。亦四種報。

一者。於現世中。離惡知識。親近善友。聞法信受。未生不善。令永不生。已生不善。令盡除斷。未生善法。修習令生。已生善法。修令增長。此正見者。一切善法之根本也。

二者。能閉不善行門。於大衆中。名稱普聞。心無疑悔。

三者。未來生處。遇善知識。得善伴侶。順於正見。歸佛法僧。更無異向。於菩薩行。無退轉心。除滅罪愆。增長福聚。有漏無漏。生死涅槃。過患利益。能善分別。了達諸法。無我我所。無有執著。正見力能究竟清淨。

四者。所有三乘勝妙功德。人不能測。正見之力。皆悉圓滿。能為衆生作歸依處。度脫有情。出生死苦。悉皆安置無上大乘。乃至處於法王之位。

(己)三總結

善學諸仁者。總結分三。初舉所持法。二誡勸犯持。三總指後說。△初舉所持法分二。初舉人。二舉法。△今初舉人。

是菩薩十波羅提木叉。二舉法

發隱今方學戒。未能解脫。後必解脫。是當因說果也。

應當學。於中不應一一犯如微塵許。何況具足犯十戒。二誡勸犯持分二。初總勸學持。二別舉得

失。△今初總勸學持

發隱　極言十重之不可犯也。

若有犯者。不得現身發菩提心。亦失國王位。轉輪王位。亦失比丘比丘尼位。亦失十發趣。十長養。十金剛。十地。佛性常住妙果。一切皆失。墮三惡道中。二劫三劫。不聞父母三寶名字。以是不應一一犯。二別舉得失。分二。初舉得失。二勸學持。△今初舉得失

發隱　持戒如平地。佛果如妙種。菩提心如芽。心地戒虧。雖有佛種。不生芽矣。現身者。言他生未可知。此生必不發也。國王轉輪王者。世間尊貴。亦由戒得也。心地端嚴。本尊貴。故比丘比丘尼者。出世間高尚。亦由戒得也。心地清淨。本高尚。故發趣長養金剛者。菩薩三十心。亦由戒得也。心地不遷於惡。即住。心地能為諸善。即行。心地慈愍眾生。即向。故十地者。菩薩極位。亦由戒得也。心地發生無量。具足諸地大功德。故佛性常住妙果者。等妙覺果。亦由戒得也。心地本來是佛。今圓滿。故若犯十重。則永失如上大益也。

汝等一切菩薩。今學當學已學。如是十戒。應當學。敬心奉持。二勸學持

發隱　已學則既奉持。云何復勸。良由心地無盡。菩薩學心地法門亦無盡。佛自半月誦。況菩

薩耶。

八萬威儀品當廣明。（三總指後說）

案毘尼後集問辨（見合註雜集）云。問菩薩戒本・止列四重。梵網廣明十重。詳略不同。又梵網犯十重者・必見好相・方許更受。戒本但云失菩薩戒・應當更受・寬嚴有異。此二經典・一是本師和尚宣揚・一是授戒闍梨親述。不應互相違反・畢竟如何會通。△答。戒本出於地持・地持合殺盜婬妄・其名出家八重・善生問經・列殺盜婬妄酤酒說過・名優婆塞六重。梵網備二經之義・總爲十重。瓔珞亦同。良由所被之機不等・故詳略之致有殊。今戒本止列四重・復有三義。一者在家欲受此戒・必已先受五戒、出家欲受此戒・必已先受十戒、具戒・殺盜婬妄・旣是根本性重・不須更列。故惟列此增上戒法也。二者菩薩戒法・逆順無方・爲衆生故・容可少分現行性罪。此之四戒・理無開許・故獨列之。三者根本四罪・一犯永墮・受五戒十戒具戒時・已明斯義。大乘教門・雖通懺悔・必以見相爲期。此之四法・犯雖失戒・猶堪更受。恐濫前四・故獨列之。若梵網謂犯重必須見好相者。（見輕戒第四十一）正由釋迦是大戒和尚・一往立法・不得不嚴。而彌勒旣作授戒闍梨・輕重開遮・理須詳悉。今應準諸經論・參合發明。當知殺盜等四・隨犯一種・諸戒並失。得見好相・大可重受。而比丘法中・仍無僧用。酤酒等六・隨犯一種・失菩薩戒具戒以下・不名爲失。故殷勤悔過・許其重受。此二經所以互相影略・非相違也。

案毘尼後集問辨云。問大乘重在內因。今時律師・與人受菩薩戒・可知其內因眞否。如或不眞・名得戒否。如不得戒・則設犯十重・還以十重定其罪否。△答。菩薩戒羯磨文中・具有觀察當機之法。若不能知其內因而妄相傳授・不免無解作師之過。彼受戒者・不善無記心中・雖不發戒・然既濫膺菩薩之名・自當依法判罪・非若比丘戒中竟以賊住論也。

(戊)二・四十八輕・分三。初・總標。二・別解。三・總結。

(己)初總標

佛告諸菩薩言。已說十波羅提木叉竟。四十八輕今當說。

(己)二・別解・分四十八。第一不敬師友戒・至第四十八破法戒。

(庚)第一不敬師友戒

若佛子。 文分三。初標人。二序事。三結罪。△今初標人

欲受國王位時・受轉輪王位時・百官受位時。 二序事分三。初勸受・二明應・三不應。△初勸受分三。初所勸人・二勸令受・三明受利。△今初所勸人

義疏發隱 修道者・賴師而教・資友而輔・善果所由進也。傲不可長・妨於進善。故列居四十八之首。合註 一切受佛戒人・皆應敬重師友。以有爵位者易生憍慢・故偏舉王及百官為誡也。

(發隱)大戒本通道俗・而文中獨舉王官者。出家以師友為父兄・理自應敬・不待言故。又僧尼無位・傲慢難生。王官有勢・驕倨易起。故意皆而辭偏也。豈曰僧尼可以不敬師友乎。

應先受菩薩戒。（二勸令受）

一切鬼神救護王身百官之身諸佛歡喜。（三明受利）

合註 受戒則福庇幽明。所以鬼神救護。又能弘護法化。故諸佛歡喜。（發隱）承上戒應受者。以有此益故。鬼神救護者。五戒尚有二十五神擁護。況菩薩戒乎。諸佛歡喜者。此戒千佛流通。惟期普度。今能受持。寧不歡喜。鬼神護。則身心康豫。國界安寧。陰陽調。風雨時。慶之至也。諸佛喜。則福田彌廣。慧海增深。現生至德高隆。當來妙果成就。善之至也。

既得戒已。（二明應分三。初已得戒善。二應生孝敬。三出所敬境。△今初已得戒善）

生孝順心恭敬心。（二應生孝敬）

發隱 師生我法身。有父道焉。故當孝順。友助吾進修。有兄道也。故當恭敬。又師友不可逆。不可慢。故俱當孝敬。

見上座和尚阿闍黎大德同學同見同行者。應起承迎禮拜問訊。（三出所敬境）

合註 上座有三。一生年上座。戒臘在先。二福德上座。衆所推敬。三法性上座。證入聖位。和尚。或云鄔波馱耶。此翻親教師。或翻力生。由此人力。生我無漏妙戒身故。阿闍黎。或云阿遮梨耶。此翻軌範師。謂教授威儀。示我軌式。即下文所稱教誡法師也。大德者。總歎具大功德。同學者。宗同一師。同見者。心同一解。同行者。身同一業。發隱 將至承迎。迎已禮拜。禮已問詢。皆孝敬之道也。

而菩薩反生憍心慢心癡心瞋心不起承迎禮拜一一不如法供養以自賣身國城男女七寶百物而供給之。三不應

合註憍者亢己慢者忽人癡者不知聖賢瞋者心懷忿恚以自賣身等者舉重況輕謂尚應如此供養況迎拜之儀而不爲耶。

若不爾者犯輕垢罪。三結罪

合註此四十八輕戒準十重法亦應有不敬因不敬緣不敬法不敬業飲因飲緣飲法飲業乃至破法因破法緣破法法破法業等但以罪輕垢成與未成同稱惡作故不復委明耳

◉結罪重輕

此戒備四緣成罪。

一師友　謂上座及同行等。

二師友想　六句二重二輕二無犯。

三不敬心
- 若憍慢瞋恨不起迎拜等——犯染污起
- 若懶惰懈怠或無記心或忘誤——犯非染污起

〔開　緣〕

若重病
若亂心
若睡眠不知
若聽法
若說法
若在說法衆中護說者心
若以方便令彼調伏
若護僧制
若護多人意
——無犯

四不如法禮敬供養（案此第四目原缺）　應迎不迎．應供不供。等事成．隨事結罪。

◉善識開遮。唯遮不開．或方便令調伏．亦得名開。

◉異熟果報　師友知識．是得道大因緣．是全梵行。不敬則永失法利．魔所攝持。敬則常遇善緣．成就佛法。

(庚)第二飲酒戒

若佛子。文分二。初標人。二序事。△今初標人

故飲酒而酒生過失無量。若自身手過酒器與人飲酒者．五百世無手．何況自飲。二序事分三。初明過失．二制不應．三舉非結過。△今初明過失

合註 故飲者．明非不知誤飲。發起過失無量者。非但三十五失．三十六失。律中又明十過。更餘經傳所明過失不可勝舉。無手者。不必謂是人中無兩手．蛇蚓鰍鱔之屬皆無手報。案靈芝律主云。有人飲酒。婬母．盜鷄．殺人。人問．皆云不作。(原註云即妄語也)四戒倘毀．餘則可知。良以昏神亂思．放逸之本。

亦不得教一切人飲及一切衆生飲酒．況自飲酒．一切酒不得飲。二制不應

合註 一切衆生．指異類也．餘如酤戒中釋。

若故自飲教人飲者．犯輕垢罪。三舉非結過

◉結罪重輕

此戒備四緣成罪。

一是酒　謂飲之醉人。案靈芝律主云。此方糟藏之物．氣味全在．猶能醉人，世多貪噉．最難節約．想西竺本無．故致所不制。準前糟麴．足爲明例。有道高士．幸宜從槩。

二、酒想　六句。二咽咽結罪。二輕垢。二無犯。咽咽結罪者、謂隨一咽結一罪、隨多咽結多罪。

三、有飲心

四、入口　咽咽結罪。若教他飲、咽咽二俱結罪。

〔開　緣〕

病非酒不療　案非酒不療者、非謂有病即得飲、須徧以餘藥治之不瘥、方始服之。

◉善識開遮

開者。如末利夫人事。

◉異熟果報

飲酒之罪。有五五百果。弟一五百世在鹹糟地獄。二五百在沸屎。三五百在曲蛆蟲。四五百在蠅蚋。五五百在癡熱無知蟲。文云五百世無手。或但舉最後五百也。

(庚)第三食肉戒

若佛子。文分三。初標人、二序事、三結罪。△今初標人

故食肉。一切衆生肉不得食。夫食肉者、斷大慈悲佛性種子。一切衆生、見而捨去。二序事分三。初明過失、二制不應、三舉非結過。△今初明過失

【合註】故食者、明非不知誤食。一切衆生肉者、不論水陸空行。但是有情身分、悉遮止也。一切衆生、皆有佛性、與我同體、而今食噉其肉、殘慘之甚、故云斷大慈悲佛性種子、準此則蠶口獸毛、亦所不忍、是以鴦掘經云、若絲綿絹帛、展轉傳來、離殺者手、施於比丘、亦不應受、受者非悲也。（發隱）問。蠶之害亦慘矣。制食肉不制衣帛者何。答。文互見故。烹繭斷命、十重殺中攝。鑊湯鑊車、殺具中攝。例養六畜、損害衆生中攝。爲利資身、邪命自活中攝。而首楞嚴經亦禁綿絹。是知僧號衲子、士稱布衣、無待論矣。【義疏發隱】食肉斷大慈心、大士懷慈爲本、一切悉斷、聲聞漸教、初開三種淨肉等、後亦皆斷。初開者權、後斷者實、如楞嚴楞伽等所明是也。

是故一切菩薩、不得食一切衆生肉。（二制不應）

食肉得無量罪。（三舉非結過）

【發隱】楞伽經。佛告大慧。有無量因緣不應食肉。如云衆生從本以來、常爲六親。故不淨氣分所生長故。衆生聞氣、悉生恐怖、如旃陀羅狗見驚吠。故慈心不生。故呪術不成。故諸天所棄故。夜多惡夢。故虎狼聞香。故文多不錄。又楞嚴亦云。食肉之人、縱得心開、似三摩地、皆大羅剎。云何食衆生肉、名爲釋子。得無量罪、不其然哉。

若故食者、犯輕垢罪。（三結罪）

◉結罪重輕

此戒、備四緣成罪。

一、是肉　謂有情身分。

二、肉想　二重、二輕、二無犯。

三、有食心　正是業主。

四、入口　咽咽結罪。

◉善識開遮

或鹿角虎骨等、製入藥中、此應非犯。若爲藥故傷生命、同得殺罪。

◉異熟果報

楞伽經云。爲利殺衆生、以財網諸肉。二俱是惡業、死墮叫呼獄。若無教想求、則無三淨肉。彼非無因有、是故不應食。△佛頂經云。死死生生、互來相噉。惡業俱生、窮未來際。又云殺彼身命、或食其肉。如是乃至經微塵劫、相食相誅、猶如轉輪、互爲高下、無有休息。又云服其身分、皆爲彼緣。必使身心、於諸衆生、若身身分、身心二途、不服不食。我說是人、眞解脫者、

(庚)第四食五辛戒

若佛子。 文分二。初標人、二序事。△今初標人

不得食五辛。大蒜、茖葱、慈葱、蘭葱、興渠、是五辛。二序事分三。初單辛不應、二雜食不應。三舉非結罪。△今初節辛不應

【合註】茖葱、即韭。慈葱、即葱。蘭葱、即小蒜。興渠、此方所無。【義疏發隱】葷臭妨法、故制。又葷辛之氣、能發色身諸欲。聲聞智淺、但知制欲。菩薩智深、應制所以發欲者。故較重也。

一切食中不得食。二雜食不應

【合註】一切食中雜有此辛、亦不得食。非但戒單食也。（發隱）上明單食、今言一切食中有此相雜、亦不應食。△西域記云。家有食者、驅令出郭。故云不得食也。

若故食者、犯輕垢罪。三舉非結罪

◉結罪重輕

此戒備四緣成罪。

一、是辛

二、有辛想　二重、二輕、二無犯。

三、有食心

四、入口　咽咽結罪。

病非蒜等不愈。須處僻靜別室食之。不得入佛塔。僧堂。不得入僧浴室。不得上都圊。內俟斷食更七日後。臭氣都盡。沐浴浣衣香熏入衆。具如律明。

◉善識開遮

◉異熟果報

佛頂經云。是五種辛。熟食發婬。生啖增恚。縱能宣說十二部經。十方天仙。嫌其臭穢。咸皆遠離。諸餓鬼等。舐其脣吻。福德日消。長無利益。修三摩地。善神不護。魔王得便。命終自爲魔王眷屬。受魔福盡。墮無間獄。案此具五失。一生過。二天遠。三鬼近。四福消。五魔集。

（庚）第五不敎悔罪戒

若佛子。文分三。初標人。二序事。三結罪。△今初標人

見一切衆生犯八戒五戒十戒。毀禁七逆八難。一切犯戒罪。二序事分三。初出犯事。二明應。三不應。△今初出犯事

合註 八戒者。八關齋法。又地持八重。五戒者。清信士女所受。十戒者。十善戒。沙彌十戒。又此經十重。毀禁者。總明犯一切戒。卽毀三世諸佛明禁。七逆見在下文。八難乃犯戒果報。一地獄。二畜生。三餓鬼。四盲聾瘖瘂。諸根不具。五生邪見家。世智辯聰。六佛前佛後。七北洲。八無

想天。一切犯戒罪者。若大若小。若重若輕。若因若果。皆敎懺悔。

應敎懺悔。（二明應）

合註 敎懺悔者。以見聞疑三根舉事。令改往修來。捨過遷善也。懺。梵語懺摩。是此方請忍。請恕之意。即表除於往愆。悔乃此方之語。義稱惡作。謂追責前來所作是惡。決志改途易轍。即表修於來善。

而菩薩不敎懺悔。同住。同僧利養。而共布薩。一衆說戒。而不舉其罪。不敎悔過者。（三明不應）

合註 同住同利。是共食味。布薩說戒。是共法味。理應如法舉罪。故不舉不敎者犯也。（發隱）布薩。此云相向說罪。半月舉罪懺悔。發隱 善戒經云。菩薩入僧中見非法戲笑不呵責者得罪。據此則小事皆敎懺悔。況犯戒如上事耶。

犯輕垢罪。（三結罪）

◉結罪重輕

此戒備四緣成罪。

一有罪

二、有罪想　若實謂無罪者、非犯。

三、不敎心
- 瞋心不舉——染汚犯
- 懶惰懈怠——非染汚犯

四、默然同住　不敎悔是一罪、同食味復一罪、同法味又一罪。隨事各結。

〔開　緣〕出戒本經

- 若狂
- 若知不說令彼調伏。
- 若護他心
- 若護僧制

——無犯

〔兼　制〕首二出戒本經　後條出善戒經

不諫惡人

見衆生造今世後世惡業、以慊恨心、不爲正說。——染汚犯

開　緣

- 若自無智
- 若無力

若使有力者說
若彼自有力
若彼自有善知識
若以方便令彼調伏
若爲正說於我憎恨
若出惡言
若顚倒爲
若無愛敬
若復彼人性弊懭戾 —— 無犯

自不悔過 不敎人悔，惟是遮業。自過不悔，兼得性業。

若菩薩不護不信之言，不護譏毀亦不除滅。若實有過惡不除滅者 —— 染污犯

實無過惡而不除滅 —— 非染污犯

開緣

若外道誹謗，及餘惡人。
若出家乞食，修善因緣，生他譏毀。
若前人瞋狂，而生譏毀。 —— 無犯

對他憍慢

若優婆塞見他四衆毀所受戒・心生憍慢。言我勝彼・彼不如我。得失意罪。（亦具性遮二業・七衆同犯。）

◉善識開遮

僧祇律云。若彼人凶暴。若依王力・大臣力・凶惡人力。或起奪命因緣・傷梵行者。應作是念。彼罪行業・必自有報・彼自應知。爾時但護根相應・無罪。△又四分律云。內有五法。應舉他。以時不以非時・眞實不以不實・有益不以減損・柔軟不以麤獷・慈心不以瞋恚。

◉異熟果報

大涅槃云。若善比丘・見壞法者・置不訶責・驅遣舉處。是人佛法中怨。若能責遣・當知得福無量・不可稱計。（案薩婆多論云。受具戒人・不堪教誨者・驅出。）△菩薩善戒經云。旃陀羅等・及以屠兒・雖行惡業・不能破壞如來正法・不必定墮三惡道中。爲師不能教訶弟子・則破佛法・必墮地獄。△優婆塞戒經云。寧受惡戒・一日中斷無量命根。終不養畜弊惡弟子・不能調伏。何以故。是惡律儀・殃齊自身。畜惡弟子不能教誨・乃令無量衆生作惡。能謗無量善妙之法。壞和合僧・令多衆生作五無間。是故劇於惡律儀罪。

（庚）第六不供給請法戒

若佛子。文分三。初標人。二序事。三結罪。△今初標人

見大乘法師大乘同學同見同行來入僧坊舍宅城邑若百里千里來者。二序事分二。初序來。二明應。△今初序來

卽起迎來送去禮拜供養日日三時供養日食三兩金百味飲食牀座醫藥供事法師一切所須盡給與之。二明應分二。初應供養。二應請法。△今初應供養

義疏發隱 言三兩金極勢之語若有諂請當應捨三兩金如雪山一偈爲此殞軀況小供給。然此爲徒言師服此藥厥病彌甚。

常請法師三時說法日日三時禮拜不生瞋心患惱之心爲法滅身請法不懈。二應請法

若不爾者犯輕垢罪。三結罪

合註 三時者中前中後初夜瞋心者恚彼法師患惱者恐己侈費爲法滅身者舉重況輕。

◉結罪重輕

此戒備四緣成罪。

一、是法師

二、法師想　若不知者非犯。

三、不請心
- 若瞋若惱——染汚犯
- 忘誤——非染汚犯

四、漠然空過　隨事結罪

〔兼　制〕　不受師教出戒本經
- 欲求定心、慊恨憍慢不受師教。——染汚犯
- 懶惰懈怠——非染汚犯

開　緣　案此亦可作正制之開緣
- 若病
- 若無力
- 若知彼人作顚倒說
- 若自多聞有力
- 若先已受法

——無犯

◉善識開遮

若知不請·令彼調伏。

◉異熟果報

不請則失聞熏益障智慧種。請則常能不離正法。

（庚）第七不往聽法戒

若佛子。 文分三。初標人·二序事·三結罪。△今初標人

一切處有講法毘尼經律大宅舍中有講法處。 二序事分三。初講處·二明應·三不應。△今初講處

合註 法毘尼經律者。法名軌持·毘尼名滅·意指所詮。經律二字·意指能詮。謂經詮法·律詮毘尼。然毘尼正翻為律·經亦訓法·訓常。文言似複·義理須明。發隱 優婆塞經開相去一由旬不犯。則知出家制遠·在家制近。蓋出家者以聽法為事·憚遠不往·是慢法故。在家者世法拘身·遠聽不能·亦非慢故。

是新學菩薩·應持經律卷·至法師所·聽受諮問。若山林樹下·僧地房中·一切說法處·悉至聽受。 二明應

合註 一切處者·通指僧坊俗地·大宅舍·別指俗地·山林等·別指僧地也。

若不至彼聽受諮問者。 三不應

發隱童子南詢百郡。衲僧徧歷千山。乃至投子三登。洞山九上。竄身伍隊。行脚八旬。剋志參師。忘身問道。比比然也。惜乎以此爲訓。猶有法音交於咫尺。而若罔聞。聖迹現於比鄰。而不及見者。哀哉。

犯輕垢罪。三結罪

⑱結罪重輕

此戒。備四緣成罪。

一・講法律

二・講法律想

三・不往心 若瞋慢 —— 染污犯
　　　　　若懈怠 —— 非染污犯

四・不往聽　日日結罪。善生經中。制四十里內須往。此亦應爾。

〔開緣〕

若不解
若病
若無力

若彼顛倒說
若護說者心
若數數聞已受持已知義。
若多聞
若聞持
若如說行
若修禪定不欲暫廢。
若鈍根難悟難受難持。

無犯

◉善識開遮

佛藏經云。若比丘說法雜外道義。有善比丘勤求道者應從座去。若不去者非善比丘。亦復不名隨佛教者。

◉異熟果報

地持經云菩薩於善知識聽受經法。於說法人有五處不應憶念淨心專聽。

一者不念破戒。謂不念言此犯律儀不應從彼聽受經法。

二者不念下性。謂不念言我不從彼下性之人聽受經法。

三者不念醜陋謂不念言我不從此醜陋之人聽受經法。四者不念壞味謂不念言我不從彼不正語人聽受經法但依於義不依於味。五者不念壞美語謂不念言我不從彼麤言說人聽受經法。如是五處不憶念者是菩薩勤攝正法於說法人不起嫌想若下根菩薩起人過心退不樂聽法當知是菩薩不能自度智慧退減〔解曰〕智慧退減不聽之失也能至心聽則如沙彌戲擲堪證四果況實說正法耶。

（庚）第八心背大乘戒

若佛子（文分三。初標人。二序事。三結罪。△今初標人）

心背大乘常住經律言非佛說。（二序事分二。初背大。二向小。△今初背大）

合註 心背者明非口說言非佛說者意言分別計度發隱背大乘言非佛說罪亦重矣云何人輕垢蓋心背而口未宣播此言字是內自評論也若有謗聲屬第十重

而受持二乘聲聞外道惡見一切禁戒邪見經律者。（二向小）

合註 受持者擬欲受持也。

犯輕垢罪。（三結罪）

◉結罪重輕

是中下二邪見之方便。以其計尚未成。故且結輕。若計成。則失菩薩戒矣。

◉善識開遮

惟遮不開。

◉異熟果報

計外成邪見。墮三塗。計小。障大菩提。

(庚)第九不看病戒

若佛子。文分三。初標人。二序事。三結罪。△今初標人

見一切疾病人。二序事分三。初舉病人。二明應。三不應。△今初舉病人

發隱 一切者。兼親疏。通道俗而言。

常應供養如佛無異。八福田中。看病福田。是第一福田。若父母師僧弟子病。諸根不具。百種病苦惱。皆供養令差。二明應

合註 八福田者。一佛。二聖人。三和尚。四阿闍黎。五僧。六父。七母。八病人。七是敬田。病兼悲敬。故名第一。(發隱)佛是敬田。不兼乎悲。惟茲病人。佛囑我滅度後。應好供養。其中多有諸佛。賢聖。則是敬田。百骸痛苦。四大交煎。起動無由。須人爲命。則是悲田。況諸佛道尊。人

天普供。苦中之苦．無越病人。福中之福．宜歸看病矣。

而菩薩以瞋恨心不看．乃至僧坊城邑曠野山林道路中．見病不救濟者。三不應

發隱優婆塞戒經云。行路之時．見病人．不住瞻視．爲作方便付囑所在．而捨去者．得罪。蓋謂有力則自爲救療．無力則轉託他人。遂然如不見聞．慈悲之心安在．故得罪也。

犯輕垢罪。三結罪

◉結罪重輕

此戒．備四緣成罪。

一．有病

二．有病想

三．不看心｛瞋恨——染污犯；懈怠——非染污犯｝

四．應看不看　隨時結罪

〔開　緣〕

若自病
若無力
若教有力隨順病者
若知彼人自有眷屬
若彼有力自能經理
若病數數發
若長病
若修勝業不欲暫廢
若闇鈍難悟難受難持中住
若先看他病
——無犯

如病，窮苦，亦爾。

〔衆　制〕不慰憂惱

見諸衆生有親屬難，財物難。以慊恨心，不爲開解，除其憂惱。——染汚犯

懶惰懈怠——非染汚犯

◉善識開遮

如不犯中說。

◉異熟果報

不看失慈心。益失悲敬二田。自有病苦。亦無人看。能看。則成就第一福田。

(庚)第十畜殺具戒

若佛子。文分三。初標人。二序事。三總結第一段。△今初標人

不得畜一切刀杖弓箭矛斧鬬戰之具。及惡網羅罥殺生之器。一切不得畜。二序事分三。初不應。二引況。三舉非結過。△今初不應

合註 矛者長鎗。罥者所以羇禽獸足。

而菩薩乃至殺父母。尚不加報。況殺一切衆生。不得畜殺衆生具。二引況

合註 殺父母尚不加報。舉重況輕。

若故畜者。犯輕垢罪。三舉非結過

◉結罪重輕

殺之方便。且結輕垢。隨害物時。更結殺罪。

◉善識開遮

或勸人戒殺。若買若化其器而藏舉之。毀壞彌善。

◉異熟果報

如殺戒中說。

如是十戒應當學。敬心奉持。下六度品中廣明。三總結第一段

（庚）第十一國使戒

若佛子。文分二。初標人。二舉事。△今初標人

不得為利養惡心故。通國使命。軍陣合會。興師相伐。殺無量衆生。二舉事分三。初不應。二引況。三舉非結過。△今初不應

合註 利養惡心。明非和合息諍因緣也。

而菩薩尚不得入軍中往來。況故作國賊。二引況

合註 尚不得入軍中往來者。軍中喧雜。非佛子所行之處。舉輕以況重也。賊是害義。興師相伐。必害於民。民為國本。害民即是害國也。(發隱)大士者。當為如來使。以普安三界衆生。而乃故作國賊。寧不犯過。

若故作者。犯輕垢罪。三舉非結過。

◉結罪重輕

隨事隨語結輕。　若嗔怒因緣。自屬殺戒。若貪盜寶物因緣。自屬盜戒。

◉善識開遮

如隱峯飛錫止兵。圖澄占鈴息難等。

◉異熟果報

交扇失歡。得上品兩舌惡口報。殺戮取利。得上品殺盜報。

（庚）第十二販賣戒

若佛子。文分二。初標人。二序事。△今初標人

故販賣良人奴婢六畜。市易棺材板木盛死之具。二序事分三。初不應。二舉況。三舉非結過。△今初不應

合註販賣良人奴婢。則有眷屬分離之苦。販賣六畜。則爲殺害之緣。市易棺材板木。則必利人之死。

尚不應自作。況教人作。三舉況

合註教人作者。或爲我作。或令自作。皆得罪也。

若故自作教人作者。犯輕垢罪。三舉非結過

發隱此制惡心希售。非曰制棺槨而不用也。如治生必資販賣。則巫匠之誡昭然。若造設而施貧窮。則功德自應無量。

◉結罪重輕

希利損物乖於慈心事事結罪。若偷販牲口賣畜令殺呪人令死以售棺材別犯盜罪殺罪。

◉善識開遮

買畜放生施棺給貧。

◉異熟果報

眷屬分張多病短命。

(庚)第十三謗毀戒

若佛子。 文分三。初標人。二序事。三結罪。△今初標人

以惡心故無事謗他良人善人法師師僧國王貴人言犯七逆十重。 二序事分三。初舉謗事。二明應。三不應。△今初舉謗事

合註 惡心者。嗔惱之心。欲前人陷沒也。無事者。無見聞疑三根。**發隱** 問前言自讚毀他及謗三寶俱在十重。今之謗毀云何墮輕。答毀他兼自讚成重今無自讚三寶兼佛法得名今止謗僧。

於父母兄弟六親中。應生孝順心慈悲心。二明應

合註父母兄弟六親者。大士視一切人。皆如父母兄弟六親也。發隱孝順者。不敢謗。慈悲者。不忍謗。不孝不慈。何所顧忌。

而反更加於逆害。墮不如意處者。三不應

發隱承上不生孝順。而反加逆。不生慈悲。而反加害。必戕賊彼使不得其所。故云墮不如意處也。

犯輕垢罪。三結罪

◉結罪重輕

此戒。備六緣成罪。

一．無罪

二．無罪想　六句四犯。二非犯。

三．謗毀心　正是業主。

四．所說過　七逆十重等。

五．所向人　向同法謗同法。或向外人謗外人。故輕。若向外人謗同法。自屬重戒中攝。

六、前人領解　隨語隨人結罪

〔開　緣〕

若說實無犯。以惡心說、亦犯輕垢。

◉善識開遮

唯遮不開。

◉異熟果報

如妄言惡口中說。

（庚）第十四放火焚燒戒

若佛子。文分二。初標人、二序事。△今初標人

以惡心故放大火燒山林曠野。四月乃至九月放火。二序事分三。初明放火事、二遠有焚燒、三舉非結過。△今初明放火事

合註惡心者、恣情任意不知愼重也。四月至九月、一往約多寒國土言之。若少寒國土、尤須審察時宜也。

若燒他人家屋宅城邑僧坊田木、及鬼神官物。一切有生物不得故燒。

二遠有焚燒

合註燒他屋宅等者。謂因不愼。放火而誤及之。若爲損他故燒。自屬盜戒等流罪攝。一切有生物不得故燒者。放火非爲燒生。有必傷生之勢。故專制四月乃至九月。遠防殺緣。若爲殺故燒。自屬殺戒中攝。

若故燒者。犯輕垢罪。三舉非結過

合註今結云若故燒者。明非愼重而偶誤也。

◉結罪重輕

此戒備四緣成罪。一非時。二非時想。三不愼心。四正放火燒。

◉善識開遮

在家爲耕種等業。出家爲除妨害。擇時愼燒。無犯。

◉異熟果報

不愼則有誤殺之業。

(庚)第十五僻教戒

若佛子。文分三。初標人。二序事。三結罪。△今初標人

自佛弟子及外道惡人·六親·一切善知識。二序事分三。初舉所教·二明應·三不應。△今初舉所教

合註發隱 佛弟子單指學佛法之內衆。外道惡人單指習餘法之外衆。六親通內外衆。一切善知識。謂交遊往還素相親善者。非得道善知識也

應一一教受持大乘經律。應教解義理。使發菩提心·十發趣心·十長養心·十金剛心。於三十心中一一解其次第法用。二明應

合註 應教解義理使發菩提心者。由解義理始堪發心。不同盲修瞎煉也。又解義不發心。增長狂慧。發心不解義。增長無明。教之使之。令知眞解眞修也。(發隱)不解義理。則所發者邪心。不發大心。則所知者空解。故須兼也。

而菩薩以惡心瞋心。橫教二乘聲聞經律外道邪見論等。三不應

合註 惡心者。概欲令人入於偏邪。瞋心者。偏惱此人。不以正教。橫者。枉其根性。不稱機宜。明非應病與藥也。

犯輕垢罪。三結罪

◉結罪重輕

惡心瞋心。是染汚犯。無知根智。非染汚犯。

◉善識開遮

用隨情說・逗彼機宜。乃至示同外道等。

◉異熟果報

以外教得邪見報。以小教・障大菩提。以大乘教・自他俱利。

(庚)第十六爲利倒說戒

若佛子。文分三。初標人。二序事。三結罪。△今初標人

應好心先學大乘威儀經律・廣開解義味。二序事分三。初先應自學。二爲後來說。三不應隱沒。△今初先應自學

合註 好心者・上求下化之心。先學者・自利利他之本。威儀者・化導之軌範。經律者・進修之門戶。廣開解義味者・致廣大而盡精微。明非淺近麤疎而已。

見後新學菩薩・有從百里千里來求大乘經律。應如法爲說一切苦行・若燒身燒臂燒指。若不燒身臂指供養諸佛・非出家菩薩。乃至餓虎狼師子一切餓鬼・悉應捨身肉手足而供養之。然後一一次第爲說正法・使心開意解。二爲後來說

合註 燒身臂指供養諸佛・與衆生同悲仰而上求佛道之極致也。捨身肉手足供餓鬼虎狼

等與如來同慈力而下化衆生之極致也。先爲說此如法苦行。以大其心志。堅其誓願。然後一一次第爲說正法。(發隱)言如法爲說一切苦行。是舉義以示彼。言菩薩行應當如此。非必捨身以供彼也。謂隨問而說。不顚倒說。不邪謬說。故能使其心開意解。此誠先學菩薩之職任也。

而菩薩爲利養故。應答不答。倒說經律文字。無前無後。謗三寶說者。三不應隱沒

合註 應答不答。則不一一說。倒說。則不次第。又倒說。卽名爲謗。所謂說法不當機。所說爲非量也。謗三寶。則非正法。(發隱)一爲利養故。應正理答而故不答。別爲一答。是悋說隱沒。二爲利養故。擅以經義改易前後。是倒說隱沒。三爲利養故。逆佛本懷。背法本義。違一切賢聖本宗而答者。是謗說隱沒。皆不應也。

犯輕垢罪。三結罪

發隱 十重專言謗者。是撥無三寶。故重。此則謬解妄論。名爲謗說。非撥無也。故輕。

◉結罪重輕

不先學是一過。不正說又一過。爲利是染汚犯。無知機智非染汚犯。

◉善識開遮

知機故不說。或爲斷邪命而訶苦行。破愚執而談理行。

◉異熟果報

爲利則邪命所攝·倒說則謗法等流。

(庚)第十七恃勢乞求戒

若佛子。文分二。初標人·二序事。△今初標人

自爲飲食錢財利養名譽故·親近國王王子大臣百官。二序事分三。初爲利親附·二非理告乞·三舉非結過。△今初爲利親附

合註 自爲者·明非爲三寶等。爲飲食乃至名譽·明非爲道也。發隱 出家不得親近顯貴·正爲此等輩耳。如其爲衆忘身·爲道忘利·則三朝寵貴·七帝尊崇·夫誰曰不可。

恃作形勢·乞索打拍牽挽·橫取錢物·一切求利名爲惡求多求。教他人求。二非理告乞

都無慈心·無孝順心者·犯輕垢罪。三舉非結過

合註 惡求者·威逼故非善。多求者·無厭故非少。教他者·教人爲我求。如遣使作書之類。

發隱 慈則常思惠濟·慮彼貧窮。孝則供養衆生如己父母·尙何忍橫取之耶。

◉結罪重輕

或將本覓利。或薦書强化。皆屬此戒。若非分陵奪。自屬盜戒。

〔兼　制〕　貪財物

多欲不知足。貪著財物。是染汚犯。出戒本經

◉善識開遮

爲三寶。爲病人。爲衆生。如法營求。非犯。

◉異熟果報

乞求。則妨道惱他。不乞。則正命清淨。自他俱利。

（庚）第十八無解作師戒

若佛子。文分二。初標人。二序事。△今初標人

應學十二部經。誦戒者。日日六時持菩薩戒。解其義理佛性之性。二序事分

三。初應誦應解。二不解不誦。三舉非結過。△今初應誦應解

合註大士以傳法度生爲正務。故應學十二部經。以爲度生之本。而戒經尤大士之根本。故應日日六時誦持。令其精熟。然不但誦文而已。又必解其義理佛性之性。謂先悟本源自性清淨。爲無作戒所依體性。即依此無作戒。還爲成佛種子。是知自性清淨者。正因佛性也。菩

薩戒者。緣了佛性也。全一性以起二修。全二修而成一性。故名佛性之性。猶云諸佛本源佛性種子也。

而菩薩不解一句一偈。及戒律因緣。詐言能解者。卽爲自欺誑。亦欺誑他人。（二不解不誦）

【合註】不解一句等。舉輕況重。蓋凡夫淺智。誰能法法全通。但知之爲知之。不知爲不知。斯無過咎。設但不解一句一偈。及戒律少分因緣。而不肯闕疑。詐言能解。卽爲內乖己心而自欺。外誤前人而誑他。

一一不解一切法。不知而爲他人作師授戒者。犯輕垢罪。（三舉非結過）

【合註】何況一一戒律皆不解。一切佛法皆不知。則自且從師求學之不暇。豈可爲他人作師授戒哉。

◉結罪重輕

受戒不學。是一過。妄欲作師。又一過。隨事結罪。

◉善識開遮

爲白衣授終身五戒。及六齋日授八戒法。皆悉無犯。然亦須知五戒八戒義趣。又八戒法。

若無比丘比丘尼則式叉摩那沙彌沙彌尼亦得授之。五戒法。設無出家五衆。則在家二衆亦得授之。

◉異熟果報

佛藏經云。身未證法而在高座。身自不知而教人者。法墮地獄。

若佛子。 文分三。初標人。二序事。三結罪。△今初標人

(庚)第十九兩舌戒

以惡心故。見持戒比丘手捉香鑪。行菩薩行。 二序事分二。初舉所鬭遘。二不應鬭遘。△今初舉所鬭遘

合註 惡心者。瞋彼前人。欲令鬭諍。或嫉彼賢善。欲爲妨惱也。手捉香爐。聊舉善行之一事。

而鬭遘兩頭。謗欺賢人。無惡不造者。 二不應鬭遘

合註 鬭遘兩頭。謂交扇令造諍端。此雖說實。猶犯。況謗欺耶。(發隱)推之。則讒亂人君臣。離間人骨肉者。皆是也。

犯輕垢罪。 三結罪

◉結罪重輕

此戒備六緣成罪。

一衆生

二、衆生想　應以持戒不持戒六句分別。二稍重四稍輕。
三、兩舌心　正是業主
四、說過　無論實與不實
五、所向人　若向無戒人、自屬重戒。若泛向同法、非彼親友、自屬第十三謗毀戒。△今正以鬪遘爲念的向彼之親友、故實與不實皆犯。若欲向此人、誤向彼人、結方便罪。
六、前人領解　語語結罪

◉善識開遮

菩薩戒本云。又如菩薩見諸有情、爲惡友朋之所攝受、親愛不捨。菩薩見已、起憐愍心、發生利益安樂意樂。隨力隨能、說離間語。令離惡友、捨相親愛。勿令當受長夜無義無利。如是以饒益心、說離間語、乖離他愛。無所違犯、生多功德。

◉異熟果報

如第六重戒中說。

(庚)第二十不行放救戒

文分三。初標人、二序事、三總結第二段。△今初標人

若佛子。

以慈心故、行放生業。一切男子是我父。一切女人是我母。我生生無不

從之受生。故六道衆生．皆是我父母。二序事分三。初非親應度．二是親應度、三擧非結過。△初非親應度分二。初想念如親．二令憶慈觀。△今初想念如親

【合註】以慈心故總修三種慈心也。一生緣慈．即觀六道皆我父母。二法緣慈．即觀地水火風是我身體。三無緣慈．即於生生受生之中而悟不生不滅常住之法。

而殺而食者．卽殺我父母。亦殺我故身。一切地水是我先身。一切火風是我本體。故常行放生。生生受生．常住之法。敎人放生。若見世人殺畜生時．應方便救護．解其苦難。常敎化講說菩薩戒．救度衆生。二令憶慈觀

【發隱】而殺而食．兼人畜言。殺生者非獨殺己父母。亦復殺己自身。所以者何。以衆生同稟四大爲身。殺他卽是殺己故也。【合註】敎人放生者。以此三慈開示於人。救護則解其現在苦難。敎化講說則拔其未來苦因。令不受未來苦難。救是拔苦。度是與樂也。

若父母兄弟死亡之日．應請法師講菩薩戒經律。福資亡者．得見諸佛．生人天上。二是親應度

【合註】得見諸佛生人天上者。見佛聞法．恆於人天類中修道。永離畜生難處．方名究竟放救

也。發隱講演之福得見諸佛者，以此戒是三世諸佛之本源。戒之所在，卽佛在故，佛滅度後，戒爲師故。生人天上者，此戒是衆生諸佛子之根本，五戒生人，十善生天。今此戒中悉兼備故。是故從一佛而遞傳多佛，自天宮而徧播人寰。講之則重宣諸佛之光，開闢人天之路也。未亡而歷彼耳根，已死而導其冥識。豈不資之得見諸佛生人天乎。

若不爾者，犯輕垢罪。三舉非結過

◉結罪重輕

此戒，備四緣成罪。

一，苦衆生

二，苦衆生想

三，無慈心

四，坐視不救　隨事結罪。不救身命，是一過。不救慧命，又一過。

〔開　緣〕

◉善識開遮

若欲救而力不逮者，至心爲稱佛名，或爲說法，以作救慧命之緣因，無犯。

唯遮不開。

◉異熟果報

不救則失三慈法利。救則成就三慈法門。

如是十戒。應當學。敬心奉持。如滅罪品中廣明一一戒相。三總結第二段

（庚）第二十一瞋打報讎戒

若佛子。文分二。初標人。二序事。△今初標人

不得以瞋報瞋。以打報打。若殺父母兄弟六親。不得加報。若國主為他人殺者。亦不得加報。殺生報生。不順孝道。二序事分三。初不應。二舉況。三舉非結過。△今初不應

發隱言佛意止謂不當以瞋打還報瞋打。非欲人更以恩德報瞋打也。大般若二十一經云。菩薩當鬪爭瞋恚罵詈。便自改悔。我當忍受一切衆生履踐。如橋梁。如聾如啞。云何以惡語報人。我不應壞是甚深無上菩提。又般若五百二十經云。菩薩設被斫截手足身分。亦不應起瞋恚惡言。所以者何。我求無上菩提。為拔有情生死衆苦。令得安樂。何容於彼翻為惡事。正此意也。天地以生物為心。而父母乃有生之類。彼傷吾親之生。吾復傷彼親之生。殺一生報一生。於我之生無益。於彼之生有損。生彌寡而殺彌衆。乖天地之和。傷化育之源。是焉得為孝乎。合註不順孝道者。被他殺害。必有夙因。快意報讎。重增未來怨結。非所以愛死者也。

尚不畜奴婢打拍罵辱日日起三業口罪無量況故作七逆之罪。二舉況

發隱舉一奴婢餘者可知故合理則刑唯加於有罪非理則罰不及於無辜此大中至正之道也人曰佛法偏慈不可以施之家國其殆未考諸此。合註七逆罪者如孟軻云殺人之父人亦殺其父殺人之兄人亦殺其兄去自殺唯是一間今我爲父報讎彼復結讎於我父又種將來害父之因故報讎即可名七逆也。

而出家菩薩無慈心報讎乃至六親中故報者犯輕垢罪。三舉非結過

合註結云出家菩薩者意顯在家菩薩猶得兼用王法以直報怨出家斷不可矣。

◉結罪重輕

此戒備五緣成罪。

一是讎

二讎想
- 讎
  - 讎想
  - 讎疑
  - 非讎想
- 非讎
  - 非讎想
  - 讎想

讎想、讎疑 —— 犯輕

非讎想 —— 犯重（即第九重戒攝）

非讎讎想 —— 稍重

諍疑

三、有報復心

四、行瞋報事

五、前人領納

受其打罵、結輕。若害命、結歸第一殺戒。

在家菩薩、以直報怨、遇斷事官、依律決判、無有私情、若打若殺、皆不犯。或賄賂求託官府、過分治罰。一一刑辱、結輕。害命、結重。或私行報復。

慊恨他

〔兼制〕出戒本經

若菩薩於他起慊恨心、執持不捨。——染污犯

不報恩

受他恩惠、以慊恨心、不以若等若增酬答彼者。——染污犯 菩薩怨不報、恩則宜報。

若懶惰懈怠——非染污犯

開緣

若作方便而無力
若以方便令彼調伏
——無犯

若欲報恩而彼不受——

◉善識開遮

唯遮不開。

◉異熟果報

報則相讎相害，更無休息。不報則解怨釋結，永無讎對。

（庚）第二十二憍慢不請法戒

若佛子。文分二。初標人，二序事。△今初標人

初始出家，未有所解。而自恃聰明有智。或恃高貴年宿。或恃大姓高門，大解大福大富饒財七寶。以此憍慢而不諮受先學法師經律。二，序事分三。初自恃憍慢，二出慢之境，三舉非結過。△今初自恃憍慢

合註　初始出家者，明其染法未深。未有所解者，無佛法中正解。既染法未深。未開正解，則更不宜憍慢。而惟其染法未深未開正解，往往易生憍慢也。自恃凡有七事。一恃世間聰智。二恃位高。三恃年尊。四恃門族。五恃大解。六恃大福。七恃富財。

其法師者。或小姓年少，卑門貧窮下賤，諸根不具。而實有德，一切經律

盡解二出慢之境

合註其法師者。小姓則非大姓。年少則非年宿。卑門則非高門。貧窮則非富財。下賤則非有位。諸根不具則非聰明大解。而實有德是有眞修經律盡解。是有正解。解行雙美。何得更論種姓。今不來諮受。其過何如。

而新學菩薩。不得觀法師種姓。而不來諮受法師第一義諦者。犯輕垢罪。三舉非結過

◉結罪重輕

此戒備四緣成罪。

一法師

二法師想　六句二重。二輕。二無犯。

三憍慢心　正是業主。與前第六嗔患爲異。

四不諮受　隨所應諮不應諮。結罪。

〔兼　制〕　輕毀法師

輕說法者。不生恭敬。嗤說毀呰。但著文字。不依實義。是染汚犯。出戒本經

◉善識開遮

唯遮不開。

◉異熟果報

憍慢則失正法種頑愚陋劣。重法則智慧開明菩提增長。

(庚)第二十三憍慢僻說戒

若佛子。文分二初標人。二序事。△今初標人

佛滅度後欲以好心受菩薩戒時。於佛菩薩形像前自誓受戒。當以七日佛前懺悔。得見好相便得戒。若不得好相。應二七三七乃至一年要得好相。得好相已便得佛菩薩形像前受戒。若不得好相雖佛像前受戒不名得戒。二序事分三。初無師自受。二師師相授。三舉非結過。△今初無師自受

發隱必得好相。無師自受乃可證也。而相中魔事多種。行者宜愼之。

若先受菩薩戒法師前受戒時。不須要見好相。何以故。是法師師師相授。故不須好相。是以法師前受戒時卽得戒。以生至重心故便得戒。若

千里內無能授戒師、得佛菩薩形像前自誓受戒、而要見好相。（二師師相授）

合註師師相授不須好相者。以其展轉傳來、即是如來嫡胤。亦是法身常住。故律藏云持律之人是人補佛處也。生至重心者、謂視師如佛也。不得好相不名得戒、明自誓受戒如此之難。生至重心便乃得戒、明從師受戒亦復不易。

若法師自倚解經律、大乘學戒、與國王太子百官以爲善友。而新學菩薩來問若經義律義、輕心惡心慢心、不一一好答問者、犯輕垢罪。（三舉非結過）

合註既受得已請問先達。先達豈可忽之而不好答乎。（發隱）承上文無師佛像前受、得戒如此之難。有師面面相承、得戒如此之易。則師之所系誠大。爲師者宜體此意、慈悲指示、而待之如子可也。乃內倚所學、外挾所交、起大憍慢、不好答問耶。 輕心者忽彼來人。惡心者慳悋嫉妬。慢心者自恃福慧也。

案藕益大師學菩薩戒法、與重定授菩薩戒法、均見合註雜集中。學菩薩戒法序云。佛前自誓受戒、肇於梵網、詳於地持瓔珞等經。今參以諸經行法。△授菩薩戒法跋云。竊觀比丘受戒律有定式。五部雖殊、大同小異。故應專遵四分、削後竄之繁文。菩薩受法經論各異。梵網瓔珞地持善戒、以及心地觀等、被機既別、詳略互殊。是以制旨教行等、各抒己意、增設科條。雖辭美意詳、並殫其致。然或義因文隱、反不若經論之痛快直捷。今梵網受法已失其傳、僅存影略。惟地持瓔珞的可依承、敬酌三家、會成一式。庶俾詳簡適中、而授者受者、皆得明白簡易。以免繁雜之過耳。

又案毗尼後集問辨云。問。受戒羯磨文中，若無授者，聽佛像前自受。梵網自誓受戒，必須要見好相。不得好相，不名得戒。復云何通。答。受戒一事，須論因緣。因是內心殷重，緣是授受分明。約修證則貴因深，約教道則藉緣具。是以比丘律藏，嚴住持僧寶之體，專重衆緣。瓔珞地持，開趣向菩提之路，但觀因地。梵網最初結戒，理須二法並扶，故雖許自受，必以見相為期也。又復應知如起信所明，或有衆生以大悲故，能自發心。或因正法欲滅，以護法因緣故，能自發心。復有見佛色相而發其心。今梵網制令求見好相，所以使其發趣菩提。地持許其像前得受，則但指彼已發心者。是則梵網嚴於立法，地持嚴於擇人，亦互為表裏也。復次瓔珞經云。諸佛菩薩現在前受，名上品戒。法師相授，名中品戒。千里無師，像前自受，名下品戒。亦無求見好相之言。然猶一往約外緣分別耳。復有論云。發增上心，得增上戒。又云。心無盡故，戒亦無盡。是則亦可約內因分上中下也。今人求戒，大須自審。果能念念與悲智相應，上荷正法，下憫含生，便可直遵瓔珞地持。設不遇師，亦得自受。如或雖希佛道，悲智未深，則須秉持梵網法門。千里無師，必求好相。更或現有明師，心存憍慢，不從求受，別向像求，斯則兩經咸所不聽。五悔終不成功。既欲遠趣極果，豈容因地不真。豪傑之士，斷不宜自欺自誑矣。

◉結罪重輕

此戒備四緣成罪。一求法人。二求法想。三憍慢心。四僻說出口。語語結罪。

◉善識開遮

唯遮不開。

慳法則愚癡憍慢則陋劣。不慳不憍。則功德智慧以自莊嚴。

◉異熟果報

（庚）第二十四不習學佛戒

若佛子。文分二。初標人。二序事。△今初標人

有佛經律大乘法。正見正性正法身。而不能勤學修習。二序事分三。初應學不學。二明不應學。三舉非結過。△今初應學不學

合註經律大乘法者。通指菩薩藏也。正見者。萬行之解。正性者。正因之性。正法身者。正果之性。

而捨七寶。反學邪見二乘外道俗典阿毘曇雜論一切書記。二明不應學

發隱七寶二義。一者殊勝超出一切諸教偏駁下劣故。二者利濟能與一切衆生功德法財故。合註邪見者。通指下文諸法。二乘墮於偏空。外道執其謬計。俗典僅談世務。阿毘曇即二乘論。雜論即外道論。一切書記即俗典世論。一切世間書籍傳說也。發隱起二乘止此。雖所得有淺深優劣。對佛大乘經律。皆邪見也。皆瓦礫泥沙也。不知取捨擇法之眼。安在今戒恐

人擇小乘大故加禁制非謂聲聞可輕鄙也新學淺知幸無忽焉。

是斷佛性障道因緣非行菩薩道者若故作者犯輕垢罪。（三舉非結過）

【合註】斷佛性者二乘焦菩提之芽外道刳正覺之種障道因緣者內惑正解之因外亂正修之緣。【發隱】問前云背大向小戒次云僻教此云不習後云暫念四戒似濫答一以志向乖違二以教導偏僻三以安然習小而不思學大四以權時習小而徐圖學大故不相濫。

◉結罪重輕

一向習小惟是遮業。——非染污犯

一向習外性遮二業。——是染污犯

〔開緣〕

若上聰明能速受學。
若久學不忘。
若思惟知義。
若於佛法具足觀察得不動智。
若於日日常以二分受學佛經一分外典。
——無犯

〔兼制〕

菩薩比丘比丘尼不學聲聞毘尼亦犯輕垢。

（釋義）戒本經云。若菩薩。於如來波羅提木叉中。毘尼建立遮罪。護衆生故。令不信者信。信者增廣。同聲聞學。何以故。聲聞自度。乃至不離護他。何況菩薩第一義度。又復遮罪住少利少作少方便者。菩薩不同學此戒。謂一者從非親乞衣。二者受自恣與。三者多受鉢。四者自乞縷令織。五者臥具坐具。六者金銀。惟此六戒。聲聞遮其自爲。菩薩開其爲他。則其餘二百四十四戒。皆須同學明矣。設不學不持。則既犯比丘戒。亦犯菩薩戒。厥罪比聲聞加一等。以是菩薩比丘。不同菩薩沙彌等故。卽菩薩沙彌。亦學十戒。幷威儀法。以非菩薩優婆塞故。若不學不持。比聲聞沙彌亦加一等。盡七衆受此菩薩戒時。卽舉五戒。十戒。六重六隨。二百五十戒等。一切轉爲無盡戒體。皆爲菩薩之所應學。故經文但云學二乘阿毘曇者犯罪。不言學習毘尼者犯罪。以毘尼乃大小通途。原不單屬二乘故也。

◉善識開遮

示同邪小。以誘接之。

◉異熟果報

一向習小。障菩提。習外。墮愛見。

（庚）第二十五不善知衆戒

文分三。初標人。二序事。三結罪。△今初標人

若佛子。

佛滅度後。爲說法主。爲行法主。爲僧坊主。教化主。坐禪主。行來主。 二序事分三。初出衆主。二明應。三不應。△今初出衆主

合註說法主、卽今法師。行法主、主淸規者。亦可律師、僧坊主、知安居房舍等事。卽今直院、教化主、勸人作福業者。坐禪主、知習禪事、如僧堂首座之類。行來主、知乍到客情事者。今名知賓。

應生慈心、善和鬭諍。善守三寶物、莫無度用、如自己有。（二明應）

義疏發隱應有三事。一事慈心、謂欲與衆生樂。二善和諍、謂如法滅諍。三善守三寶物、應事施用、不得差互。差互有二、一就三中不可互用、如佛物不可作僧用是也。二就一中亦不可互用、如飯僧物作僧堂、而墮火坑地獄是也。

而反亂衆鬭諍、恣心用三寶物者。（三不應）

義疏發隱但舉後兩事、不舉不生慈心、以此二事卽是無慈。若慈心向下、必護安大衆。故慈心向上、必善守三寶物故。

犯輕垢罪。（三結罪）

◉結罪重輕

不善滅爭、隨事結過。（若發起諍事、別得性罪。）不善守物、隨用結過。（若三寶互用、自屬盜戒。）

◉善識開遮

唯遮不開。

◉異熟果報

不善滅諍。得破僧方便罪。不善守物。招貧窮困苦報。善和善守。則統理大衆。一切無礙

(庚)第二十六獨受利養戒

若佛子。文分三。初標人。二序事。三結罪。△今初標人

先在僧坊中住。後見客菩薩比丘來入僧坊舍宅城邑。若國王宅舍中。乃至夏坐安居處及大會中。二序事分三。初客至。二明應。三不應。△今初客至

合註菩薩。謂大士衆。比丘。謂聲聞衆。皆應有利養分也。國王宅舍。謂王所造立安僧宅舍也。

先住僧應迎來送去。飲食供養。房舍臥具。繩牀木牀。事事給與。若無物。應賣自身及男女身。割自身肉賣。供給所須。悉以與之。二明應分二。初應禮接供給。二應依次差僧。△今初應禮接供給。

合註應賣自身等者。舉重況輕。謂賣身割肉。尚應供給。況本皆有分之利養耶。發隱僧尼若有徒衆未剃髮者。皆得稱男女也。

若有檀越來請衆僧。客僧有利養分。僧坊主應次第差客僧受請。（二應依次差僧）而先住僧獨受請而不差客僧者。僧坊主得無量罪。畜生無異。非沙門非釋種姓。（三不應）犯輕垢罪。（三結罪）

◉結罪重輕

此戒備四緣成罪。

一有客　謂應得利養分者。來在界內。

二有客想　六句二重。二輕。二無犯。

三獨受心　正是業主。

四差竟
- 若知僧次的至彼人而不差者。——犯輕垢（以臨差時。界外或更有來者。尚未專有分故）
- 若差竟別與餘人。餘人自知未應受請。而受得施主家食䞋。五錢入手。畜生無異。——與差者同結重

〔兼制〕

客來不與僧中物分。不起迎接。犯輕垢。

◉善識開遮

唯遮不開。

◉異熟果報

如慈悲道場懺法廣明。

（庚）第二十七受別請戒

若佛子。 文分三。初標人、二序事、三結罪。△今初標人

一切不得受別請利養入己。 二序事分三。初標不應、二釋不應、三結不應。△今初標不應

【發隱】種種別請、皆不可受而納利入己。

而此利養屬十方僧。而別受請、即是取十方僧物入己。 二釋不應

【合註】即是取十方僧物入己等者。承上文所以不可受。以施主修福、法應普徧平等。一切利施本通十方僧衆。由汝別受、令彼十方不得利養。遠有奪取十方之義。

及八福田中、諸佛聖人、一一師僧父母病人物、自己用故。 三結不應

【合註】八福田、並有應得僧次利養之義。如佛或應迹爲僧。餘可知也。

犯輕垢罪。 三結罪

◉結罪重輕

此戒備三緣成罪。

一是別請

二別請想　六句二重二輕二無犯。

三受竟　結罪。

〔開　緣〕

若有僧次一人同受。
或請受戒說法或知此人非我則不營功德。
}無犯

◉善識開遮

戒本經云。檀越來請若至自舍若至寺內若至餘家。若施衣食種種衆具。菩薩以瞋慢心不受不往是染汚犯。不犯者。若病若無力。若狂若遠處。若道路恐怖難。若知不受令彼調伏。若先受請。若修善法不欲暫廢。爲欲得聞未曾有法饒益之義及決定論。若知請者爲欺惱故。若護多人嫌恨心故。若護僧制。〔解曰〕此乃率衆受供非別受也。

又云。有檀越以金銀眞珠摩尼瑠璃種種寶物奉施菩薩。若瞋慢心違逆不受是染汚犯。捨衆生故。懶惰懈怠非染汚犯。不犯者若知受已必生貪著或施主生悔或施主生惑或施主貧惱。若知是三寶物是劫盜物。若知受已多得苦惱。所謂殺縛謫罰奪財訶責〔解曰。此則受以爲衆。非自享也。

◉異熟果報

既遠有奪取十方之義。亦是盜戒等流。

（庚）第二十八別請僧戒

若佛子。文分三。初標人。二序事。三結罪。△今初標人

有出家菩薩。在家菩薩。及一切檀越請僧福田求願之時。應入僧坊問

知事人。今欲請僧求願。知事報言。次第請者。卽得十方賢聖僧。二序事分三。初標應。

二釋應。三不應。△今初標應

合註次第請。卽得十方賢聖僧者。以凡聖難測。不應妄生分別故。

而世人別請五百羅漢菩薩僧。不如僧次一凡夫僧。二釋應

發隱四十二章經。自飯惡人。乃至如來。福德勝劣天壤。此論田也。今經所云。是論心也。隨時取重。不相礙故。然此聖不如凡。論平等設供耳。非論求師也。求師則趨明捨闇。親賢遠愚。具眼參方。何可不擇。

若別請僧者。是外道法。七佛無別請法。不順孝道。三不應

發隱 依僧次請。七佛定法。不遵佛教。是忤逆也。又平等視僧。皆應恭敬。有所揀擇。是猶敬父慢母。豈不乖於孝道。合註 七佛者。一毘婆尸佛。或云維衞。此翻勝觀。二尸棄佛。或云式棄。此翻爲火。三毘舍浮佛。或云毘舍婆。或云隨葉。此翻徧一切自在。此三世尊。皆在過去莊嚴劫出世。四拘留孫佛。或云拘樓秦。此翻所應斷。五拘那含牟尼佛。此翻金寂。或翻金仙。六迦葉佛。此翻飲光。七釋迦牟尼佛。或云釋迦文。此翻能仁寂默。亦翻能儒。此四如來。皆於賢劫出世。經中處處每引七佛證義。以其並在此土。又近在百小劫內。長壽天皆曾見也。

若故別請僧者。犯輕垢罪。三結罪

◉結罪重輕

據聲聞律。若僧次中請得一人。餘別指名請求。非犯。此或應同。若一概於僧次請。彌善。

◉善識開遮

如親師取友。則善須簡擇。如欲說法授戒。化導衆人。擇其才德俱優者請之。非犯。

◉異熟果報

別請則違平等無相法門。失廣大圓滿福德。不別請則一滴投海。頓同海體。

（庚）第二十九邪命戒

若佛子。文分二。初標人。二序事。△今初標人

以惡心故。爲利養。二序事分三。初明惡心。二列七事。三舉非結過。△今初明惡心

合註 惡心者明非見機益物之心。

販賣男女色。自手作食。自磨自舂。占相男女。解夢吉凶。是男是女。呪術。工巧。調鷹方法。和合百種毒藥。千種毒藥。蛇毒。生金銀毒。蠱毒。二列七事

合註 爲利養共列七事。一販色。二作食。三占相解夢。四呪術。五工巧。六調鷹。七毒藥。

都無慈愍心。無孝順心。若故作者。犯輕垢罪。三舉非結過

發隱 慈憫則視物猶己。何忍以活己身。故而損物。孝順則視衆生猶吾父母。何忍以活子身。故而傷親。無慈孝心。但知自活。安所顧念。

◉結罪重輕

毒藥且就和合時。結輕。若害物時。隨結殺罪。調鷹亦爾。

〔兼制〕

出家人四邪。五邪。八穢。皆此戒兼制。

四邪者。一仰口食。謂仰觀星宿・推步盈虛等。二下口食。謂種植田園等。三方口食。謂干謁四方・交結權貴等。四維口食。謂醫卜雜伎・種種營生等。△五邪者。一現奇特相。二自說功德。三卜相吉凶爲人說法。四高聲現威令人敬畏。五說得供養以動人心。△八穢者。一田宅園林。二種植生種。三貯積穀帛。四畜養人僕。五養繫禽獸。六錢寶貴物。七氈褥釜鑊。八象金飾牀・及諸重物。

又善生經云。若優婆塞須田作者・不求淨水及陸種處・得失意罪。

淨水者・謂無蟲水。陸種者・陸生穀麥等。不須用水・致傷蟲也。

◉善識開遮

出家人或偶用占相呪術工巧・隨機誘物・令入佛道。非希利心・亦復無犯。呪術是治病救難所用・故大小兩乘・亦通有之。

◉異熟果報

緇門警訓云。今時講學・專務利名。不恥五邪。多畜八穢。但隨浮俗・豈念聖言。自下壇場經多夏臘。至於淨法・一未霑身。寧知日用所資無非穢物。箱囊所積並是犯財。慢法欺心・自貽伊戚。學律者知而故犯・餘宗者固不足言。誰知報逐心成・豈信果由因結。現見袈裟離體・當來鐵葉纏身。爲人則生處貧窮・衣裳垢穢。爲畜則墮於不淨・毛羽腥臊。況大小兩乘・通明淨法。倘懷深信・豈憚奉行。

（庚）第三十經理白衣戒

若佛子。文分三。初標人。二序事。三總結第三段。△今初標人

以惡心故、自身謗三寶、詐現親附、口便說空、行在有中。經理白衣、爲白衣通致、男女交會、婬色作諸縛著。二序事分三。初總舉犯戒。二所敬之時。三舉非結過。△今初總舉犯戒

【發隱】惡心者。在三寶中不生好心。假現親從。實懷毀謗。發言則口口談空。素履則時時行有。交通白衣。不恥穢業。此等犯戒之人。於諸好時。應當瞥起慚惶。稍自修戢。而復漫不加意。如下所云。

於六齋日、年三長齋月。二所敬之時

【合註】六齋日者。每月六日。謂初八、十四、十五、二十三、二十九、三十。若遇月小。則二十八、二十九也。此六日者。初八、二十三。四天王使者巡行世間。伺察善惡。十四、二十九。四天王太子巡視世間。十五、三十。四天王躬行世間。若見修善者多。則諸天歡喜。保護國界。若見修善者少。則諸天愁憂不樂。國界多災。故佛制在家男女。不論但三歸者。受五戒者。受菩薩戒者。遇此六日。悉應於一晝夜受持八戒齋法。以不非時食。正名爲齋。以不殺等八戒共助成之。故名八關戒齋。謂以八戒及齋。關閉情欲。作出世正因也。八戒者。一不殺。二不盜。三不婬。無論邪正悉斷。四不妄語。五不飲酒。六不著香華鬘。不香塗身。七不歌舞倡伎。不往觀聽。八不坐高

廣大牀也。年三長齋月者。毘沙門天王分鎭四洲。正月、五月、九月。鎭此南洲。故佛制在家男女、盡此一月。受持齋法如上也。

作殺生劫盜、破齋犯戒者、犯輕垢罪。三舉非結過

發隱是重罪上更犯輕罪。譬如犯死刑人。別有餘惡。法不容貸。復加捶楚也。合註此戒舊名不敬好時。義疏云「三齋六齋。並是鬼神得力之日。此日宜修善福。過餘日。而今於好時虧慢更犯。隨所犯事。隨篇結罪。此時此日不應不知。加一戒。一云七衆俱制。皆應敬時。二云但制在家。年三月六。本爲在家。出家盡壽持齋。不論時節」。今觀經文語勢。卻似從出家人邊結過。故易科爲經理白衣。大意謂出家人法。宜誘誨白衣。令得解脫。令持齋戒。而反說空行有。爲其經理。乃至於六齋三齋好時。不能使其作福修善。反令作殺盜等事。豈非以身謗三寶乎。

◉結罪重輕

但從經理白衣結罪。△所云殺生劫盜、破齋犯戒、自是俗人之事。非出家人教其爲之。但既有通致男女等事。未免爲殺盜等而作遠緣。故推極於此。而顯其不應耳。若實教其殺生劫盜、兼得性業、自屬殺盜戒攝。

◉善識開遮

唯遮不開。

◉異熟果報

經理白衣亦屬邪命如前說。△又不敬好時則諸天愁憂。能招災異。敬好時。則諸天歡喜。護國降祥。

如是十戒。應當學。敬心奉持。制戒品中廣明。三總結第三段

（庚）第三十一不行救贖戒

佛言。佛子。文分三。初標人。二序事。三結罪。△今初標人

佛滅度後。於惡世中。若見外道。一切惡人。劫賊。二序事分三。初能賣。二所賣。三應贖△今初能賣

賣佛菩薩父母形像。及賣經律。販賣比丘比丘尼。亦賣發菩提心菩薩

合註惡世者。正大士興慈運悲之時。（發隱）惡世者明佛世人善。無如是事。唯惡世有之。菩薩當於惡世興善事也。

道人。或為官使。與一切人作奴婢者。二所賣

義疏見有賣佛菩薩形像。不救贖損辱之甚。非大士行。應隨力救贖。發隱父母兼我人父母而言。孝子敬其親及人之親。況大士乎。

而菩薩見是事已。應生慈悲心。方便救護。處處教化取物。贖佛菩薩形

像、及比丘比丘尼、發心菩薩、一切經律。（三應贖）

【合註】方便救護者、盡其心力、不得隱忍坐視也。【發隱】教化取物者。若已無能贖之資。應廣勸他人發心、不得坐視也。

若不贖者、犯輕垢罪（三結罪）

◉結罪重輕

此戒、備四緣成罪

一、應贖境　謂尊像經律僧人等。

二、應贖想　六句。二重、二輕、二無犯。

三、無救贖心

四、令彼褻辱

〔開　緣〕

力不及者、非犯。（設力不及、而漠不關心、亦犯。）

◉善識開遮

唯遮不開。或如法流通經典、不犯。

◉異熟果報

不救則失於二利。救則具足二嚴。

（庚）第三十二損害衆生戒

若佛子。文分三。初標人，二序事，三結罪。△今初標人

不得販賣刀杖弓箭。二序事分六。初殺具，二秤斗，三勢取，四繫縛，五破壞，六貓狸。△今初殺具

合註 刀杖弓箭者。損害之具。

畜輕秤小斗。二秤斗

合註 輕秤小斗者。欺誑之具。短尺亦是其類。又以重秤大斗長尺取入。亦同此制。然但約畜用。故結輕耳。若移換詐取。令前人不覺者。自屬盜攝。

因官形勢取人財物。三勢取

合註發隱 因官形勢者。行於逼奪。以威力傷慈。結輕。或用自官勢。或假他官勢也。若取非其有。亦是盜攝。

害心繫縛。四繫縛

合註發隱 繫縛者。損其肢體。若繫縛罪人。應不在此限。

破壞成功。五破壞

合註發隱　破壞成功者，毁其成業。謂欲就之業，還使廢壞也。

長養猫狸猪狗。六猫狸

合註發隱　猫狗能傷鼠類，是令衆生損害衆生也。猪終歸殺，是畜養終歸損害也。優婆塞戒經云：畜猫狸者得罪，養猪羊等者得罪，養蠶者得罪。俗制如斯，僧可知矣。已上諸事，皆非慈心者所應爲也。

若故養者，犯輕垢罪。三結罪

隨事結罪　◉結罪重輕

唯遮不開　◉善識開遮

是殺盜等流　◉異熟果報

（庚）第三十三邪業覺觀戒

若佛子。文分二。初標人二序事。△今初標人

以惡心故。二序事分三。初惡心二列事三總結。△今初惡心

合註 惡心者明非見機益物直是邪思邪覺也。

觀一切男女等鬪軍陣兵將刼賊等鬪。二列事分五初諍鬪二娛樂三雜戲四卜筮五使命。△今初諍鬪

亦不得聽吹貝鼓角琴瑟箏笛箜篌歌叫妓樂之聲。二娛樂

合註 貝者螺也。七弦爲琴二十五弦爲瑟。箏者竹身十三弦。箜篌者竹身二十四弦。

不得樗蒲圍棊波羅塞戲彈棊六博拍毱擲石投壺牽道八道行城。三雜戲

合註 樗蒲即今骰錢。波羅塞戲即今象棋。彈棊者漢宮人粧奩戲。六博即今雙陸。拍毱即今踢毬。擲石投壺者古用石今用矢。牽道八道行城者縱橫各八路以棊子行之西域戲也。

爪鏡蓍草楊枝鉢盂髑髏而作卜筮。四卜筮

合註 爪鏡即圓光法。蓍草即是易卦。楊枝即樟柳神。鉢盂即攬水碗法。髑髏即耳報法。

不得作盜賊使命。五使命

發隱 評鬭起兇惡心。娛樂起婬佚心。雜戲起散亂心。卜筮起惑著心。使命起詐罔心。事事亂道。不應作也。合註云此五皆屬邪業。

二 不得作。若故作者。犯輕垢罪。 三總結

案靈芝律主云。今時釋子。名實俱喪。能書寫則稱為草聖。通俗典則自號文章。擇地則名為山水。卜術則呼為三命。豈意捨家事佛。隨順俗流。之名本圖厭世超昇。翻習生死之業。沽名邀利。附勢矜能。形廁方袍。心染浮俗。畢身虛度。良可哀哉。

◉結罪重輕

隨事結輕

〔兼　制〕

若菩薩懶惰懈怠。耽樂睡眠。若非時不知量。是染汙犯。出戒本經

開　緣

若病
若無力
若遠行疲極
若為斷彼故。起欲方便。攝受對治。性利煩惱。更數數起。
——無犯

◉善識開遮

或見機益物等。又出家人欲決疑慮。自有圓覺經拈取標記法。占察經擲三輪相法。及大灌頂經梵天神策百首。可依用之

◉異熟果報

觀則妨廢正道。失二世利。不觀則離諸掉悔。定慧易生。

(庚)第三十四暫離菩提心戒

若佛子。 文分二。初標人。二序事。△今初標人

護持禁戒。行住坐臥。日夜六時讀誦是戒。猶如金剛。如帶持浮囊。欲度大海。如草繫比丘。 二序事分三。初明應。二不應。三結罪。△初明應分三。初護大乘戒。二生大乘信。三發大乘心。△今初護大乘戒

合註 金剛者。能壞一切。不為一切所壞。浮囊者。渡海之具。喻出大涅槃經。(發隱)客持浮囊渡海。羅剎從乞。毅然不許。乃至乞半。乞一絲毫。皆悉不與。喻持戒者在生死海中。遇煩惱羅剎欲壞重戒。乃至輕垢一微塵許。不可得也。草繫比丘者。佛世有一比丘途中被賊劫奪衣物。慮其鳴眾來追。兼欲害命。內有一賊知比丘法。謂餘賊言。不必殺之。但以生草繫其手足。彼戒不傷草木。自弗動耳。賊如言繫之。比丘守戒。寧死不移。賊去已遠。後有行路人來。方解其繫。今明大士護此菩提心戒。亦應如聲聞之護律儀。寧死莫犯也。

常生大乘善信自知我是未成之佛。諸佛是已成之佛。（二生大乘信）

【發隱】承上雖能護戒。若無正信。則戒止散善而已。今知生佛本無二心。衆生定當作佛。特已成未成爲別。實先佛後佛何殊。所謂能作如是信。戒品已具足者也。

發菩提心。念念不去心。（三發大乘心）

【發隱】承上雖有正信。而不發心。則信爲徒信而已。今知我心即諸佛心。故上求諸佛無上菩提。我心即衆生心。故下化衆生同成正覺。剎那心中不捨此念。曰念念不去心也。

若起一念二乘外道心者。（二不應）

【發隱】昔舍利弗往古劫中。發菩提心。行大布施。有婆羅門從之乞眼。舍利弗言。眼在我身。其用甚大。施與汝者。極爲無用。婆羅門堅固索眼。舍利弗剜眼與之。婆羅門得眼。視而擲之。擲而唾之。口稱穢惡。脚踏而去。舍利弗言。向爲汝說此眼無用。汝堅欲得。今復賤棄。衆生頑劣。殆不可化。不如早求自度。遂退大心。還習小法。至釋迦佛時。始證羅漢。一念自度。失大善利。可不慎歟。二乘爲外道者。離菩提心。捨菩提願。即名外道。故等二乘曰外道也。

犯輕垢罪。（三結罪）

◉結罪重輕

起二乘心。念念非染汚犯。起外道心。念念是染汚犯。

◉善識開遮

若權入二乘外道。爲化彼故。

◉異熟果報

一念二乘心。亦障菩提。一念外道心。亦障出世。惟念念菩提心。能臻三種不退。

（庚）第三十五不發願戒

若佛子。文分三。初標人。二序事。三結罪。△今初標人

常應發一切願。孝順父母師僧。二序事分三。初出願體。二明應。三不應。△初出願體分十。初願孝順。二願得師。三願得友。四願善教。五願修住。六願修行。七願修向。八願修地。九總願修行。十結願持戒。△今初願孝順

【合註】願者緣心善境。希求勝事之謂。常應發者。所謂非是一發。惟應數數發。令菩提心相續不斷也。一切願者。總指十願。【發隱】孝名爲戒。故第一願即云孝也。

願得好師。二願得師

【發隱】承上酬報二親。紹隆三寶。皆賴師教。故願得好師。曰好者。謂智行雙備。有智無行。何以成吾德。有行無智。何以開吾迷。故弟子雖具信心。不逢良導。美材拙匠。遂成廢器。誠可歎也。

十願之中。得師最要。問。上云師僧。此又云好師。意似重複。答。上是奉師之孝。此是擇師之明。自不相濫。

同學善知識。三願得友

發隱　雖逢良導。不偶賢朋。有闕乏辯難之資。欲行鮮夾輔之益。相觀無自。德業安成。

常教我大乘經律。四願善教

發隱　願上師友教我大乘經律。不墮二乘及諸外道故。

十發趣。五願修住

發隱　承上何謂大乘。由三十心至十地。以證妙覺是也。發趣者。發起大心。趣入妙道。有住義故。

十長養。六願修行

發隱　滋長培養。積累日成。有行義故。

十金剛。七願修向

發隱　順入法界。堅固不動。有回向義故。

十地。八願修地

【發隱】解見前文。從發趣至此，皆從師友而得也。

使我開解，如法修行。 九總願修行

【發隱】如上大乘之法，資於師友，願隨法開解，如法修行也。華嚴信解行證，爲入道始終。今不言信證者，以解必由信，故行必終證故。

堅持佛戒。 十結願持戒

【合註】心地法門，戒爲其本。不持佛戒，何由進趣。故結願持戒也。（發隱）結願持戒者，此經本旨，惟戒是重。戒匪堅持，心地已失，聖賢道果，何由發生。

【發隱】夫孝名爲戒。始乎孝順，終乎持戒。戒乃貫諸願而成始成終者也。何也。一者，戒即孝順父母師僧三寶，前已釋故。二者，佛在世日，以佛爲師；佛滅度後，以戒爲師，戒即好師故。三者，以戒爲伴，將護身心，得過險道，戒即善知識故。四者，此戒非但名律，上符千佛傳心之妙，下合羣生制心之宜，契理契機，戒即大乘經故。五者，由於此戒，進入大道，戒即十發趣故。六者，保持此戒，培植法身，戒即十長養故。七者，善巧持戒，無能動搖，戒即十金剛故。八者，依此心地大戒，優登聖位，戒即十地故。九者，以戒攝心，頓明心地，如實履踐，戒即開解修行故。是知此戒統諸大願，無所不該，故云結也。

寧捨身命，念念不去心。 二明應

若一切菩薩不發是願者。三不應

【發隱】不發大願。魔所攝持。志既不堅。行將墮落。可不慎歟。

犯輕垢罪。三結罪

◉結罪重輕

若無大願。難剋大果。應發不發。隨時結過。

◉善識開遮

唯遮不開。

◉異熟果報

不發則失決定勝益。相續而發。則能得佛滅罪。如發趣心中說。

（庚）第三十六不發誓戒

若佛子。文分二。初標人。二序事。△今初標人

發是十大願已。持佛禁戒。作是誓言。二序事分三。初標勸。二發誓。三結過。△今初標勸

【合註】誓者。必固之心。勇猛自矢。期於不退。願以導其前。誓以驅其後。又願以進德修善為力用誓以防非滅惡為功能也。（發隱）妄心意不可有。正心意不可無。若誓願心意不發。道何由成辦乎。增一阿含三十八。經云。比丘不發誓者。終不成佛

道。誓願之福・不可稱計。得至甘露滅盡之處。故願後必須發誓也。十大願者・指前戒中十願也。

寧以此身投熾然猛火・大坑刀山。終不毀犯三世諸佛經律・與一切女人作不淨行。二發誓分五。初欲染之誓・二供養之誓・三恭敬之誓・四六根之誓・五度生之誓。△今初欲染之誓

【合註】作誓有十三節共爲五科。案第二第四兩科各五節・餘各一節。初一節爲欲染之誓。如律中云猛火刀山・但傷一期身命。女人婬染墮地獄中・受無量苦・兼傷法身慧命。故寧投刀火・不作非梵行也。夫男女居室・猶爲世間正法・尚嚴此誓。況黃門男子・逆理亂常・又何必言。(發隱)首誓欲染者。以身生於欲。欲成於女。溺恩愛海・牢生死根・無過女色矣。故首誓之。良以紅爐白刃・壞色身於一時。花箭蜜鋒・沈慧命於萬劫。苦中較苦・苦有重輕。寧忍此而不爲彼・誓要決絕至極之語也。律及阿含之中・佛因野火熾然・爲諸比丘說此諸誓。其根熟者・頓斷惑染。其未熟者・懼罪捨戒。佛不止之。誠不欲其壞法門也。乃至二果聖人・見惑已斷・婬習現前・還俗娶妻・終不破戒。蓋如法捨戒・將來尚可出家。倘根本一破・則終非道品。且何忍於聖賢幢相之中・而作此鄙穢哉。此誓出家菩薩之所全發。在家菩薩・唯於邪婬境發。正婬非所斷也。是故今時出家菩薩・大須自審。倘此習本輕・或雖重而善自調制・便可安處僧倫。若煩惱習强・不能自抑・快哉捨戒・慎莫破戒。以捨戒還俗・則現在雖失比丘沙彌之位・尚爲菩薩優婆塞・將來亦尚可爲沙彌比丘。倘一破戒體・則菩薩戒・比丘戒・沙彌戒・優婆塞戒・無不盡破。乃至一日一夜八關齋戒・

皆悉不任更受。縱令菩薩戒法。得有見相重受之科。而見相一事。談何容易。思之思之。愼之愼之。

復作是願。寧以熱鐵羅網千重周匝纏身。終不以此破戒之身。受於信心檀越一切衣服。復作是願。寧以此口呑熱鐵丸。及大流猛火。經百千劫。終不以此破戒之口。食於信心檀越百味飲食。復作是願。寧以此身臥大流猛火羅網熱鐵地上。終不以此破戒之身。受於信心檀越百種牀座。復作是願。寧以此身受三百矛刺身。經一劫二劫。終不以此破戒之身。受於信心檀越百味醫藥。復作是願。寧以此身投熱鐵鑊。經百千劫。終不以此破戒之身。受於信心檀越千種房舍屋宅園林田地。（二供養之誓）

【合註】信心檀越。本爲供修道人。破戒受供。苦報必劇。（發隱）衣服飲食臥具醫藥宅舍田園。信心檀越所以供養我者。爲求福也。我無戒德。何以堪之。故設重誓以自防護。此乃誓不破戒。非誓不受供也。（發隱）大寶積八十九經云。佛告迦葉。我常說言。寧燒鐵鍱爲衣。不以破戒之身而著袈裟。寧呑熱鐵。不以破戒之口食人信施。正此意也。有謂信施難消。遂欲自營生業。不思飲水踐土。獨非國王之供養乎。既無救於破戒之罪。又更犯邪命之愆。誠可悲也。【發隱】前文作是誓言。今仍云作是願者。

作願如是正所謂願中勇烈意也。

復作是願。寧以鐵鎚打碎此身。從頭至足。令如微塵。終不以此破戒之身受於信心檀越恭敬禮拜。（三恭敬之誓）

合註此亦誓不破戒。非誓不受拜也。有謂戒德多虧。遂乃低身答拜。甚至禮天神。敬白衣。既無救於破戒之罪。又更敗壞出家儀式。亦愚惑也。發隱先德有言。屈身而禮。直立而受。苟非有已利之德。其害非細。此藥石之論也。今人謂供養受人之施。猶或生慚。以禮拜無損他財。恬不知愧。嗚呼惜哉。

復作是願。寧以百千熱鐵刀矛。挑其兩目。終不以此破戒之心。視他好色。復作是願。寧以百千鐵錐。劖刺耳根。經一劫二劫。終不以此破戒之心。聽好音聲。復作是願。寧以百千刃刀、割去其鼻。終不以此破戒之心。貪嗅諸香。復作是願。寧以百千刃刀。割斷其舌。終不以此破戒之心。食人百味淨食。復作是願。寧以利斧斬破其身。終不以此破戒之心。貪著好觸。（四六根之誓）

合註約五根對五塵皆以破戒之心爲主卽意根爲政也食人百味淨食者前以破戒受人供養而言此以邪心貪著滋味而言當知貪著滋味卽名破戒心也發隱六根染塵如猿得樹若非重誓自立良難是故物而曰刀矛刀矛而曰熱鐵熱鐵而曰百千苦痛之極胡可云喻寧受此苦不視好色以此要心抑何勇猛而激烈也耳鼻五根亦復如是問受食一節前後言之意似相濫答前以四事類說蓋主不堪應供而言後以六根類說蓋主不能制情而言故不相濫

復作是願願一切衆生悉得成佛五度生之誓

發隱前四自度今一度人自利利他俱成正覺也若無此誓囘向佛道前來諸誓止是人天福報或二乘小果而已問願生成佛慈悲心耳較之猛火熱鐵等喻前後語義似不相類云何名誓答若非矢志決心何由廣度羣品地獄未空誓不成佛其勇烈何如也安得不謂之誓

而菩薩若不發是願者犯輕垢罪三結過

發隱問願多期望之語誓類呪詛之辭修行本擬出離云何動稱地獄答誓願中之勇烈意也呪詛怨中之毒害意也奈何以願爲怨以勇烈爲毒害乎世有魔師教授魔種閉門塞竇

險語以堅其信根．惡呪以閑其外問。終身蔽錮．累劫牢籠．而莫之能出也。哀哉。

◉結罪重輕

觸境不發．隨事結過。

◉善識開遮

唯遮不開。

◉異熟果報

不發．則失決定不退之益。隨發．隨得堅固進趣之益。

（庚）第三十七冒難遊行戒

若佛子。文分三。初標人．二序事．三結罪。△今初標人

常應二時頭陀冬夏坐禪。二序事分三。初應遊止時．二應遊止事．三不應遊止。△今初應遊止時

合註常應二時頭陀者。春秋調適．遊行化物．無妨損也。頭陀或云杜多．此翻抖擻．有十二法．皆是遠離勝行．聖所稱歎。一在阿蘭若處。二常行乞食。三次第乞食。四受一食法。五節量食。六中後不飲果蜜等漿。七糞掃衣。八但三衣。九塚間住。十樹下止。十一露地坐。十二但坐不臥。冬夏坐禪者。大寒大熱．常應靜坐。

結夏安居常用楊枝澡豆三衣缾鉢坐具錫杖香鑪奩漉水囊手巾刀子火燧鑷子繩牀經律佛像菩薩形像而菩薩行頭陀時及遊方時行來百里千里此十八種物常隨其身頭陀者從正月十五日至三月十五日八月十五日至十月十五日是二時中此十八種物常隨其身如鳥二翼。二應遊止事分二。初十八種物。二半月誦戒。△今初十八種物

合註結夏安居者夏行尤爲妨道故須結制九旬也楊枝所以淨口澡豆所以潔身三衣者一僧伽梨名上衣二鬱多羅僧名中衣三安陀會名下衣缾有三種一淨缾貯水供飲二隨用缾貯水洗手三觸缾貯水洗大小便處鉢者具云鉢多羅此翻應器謂體色量三皆應法體用瓦鐵二物不得用金銀銅木七寶等色以油麻熏成量則隨其腹量分上中下最大不過三升最小不過升半坐具者梵名尼師壇此云隨坐衣所以護身護衣護臥具也錫杖豎賢聖之標香鑪修淸淨之供漉囊爲救物之具手巾爲除垢所需刀子長不過三指闊不過一指所以便用火燧爲防熱食兼爲除冥鑷子爲拔鼻毛繩牀隨處棲息皆百一所需中物也經契一心律規三業佛像標心極果菩薩形像託志眞因既皆切於日用亦可即事表法故以如鳥二翼喻之彼不知法義唯汲汲以十八物爲務者固非大士弘規倘竟高談名理

而脫略事相恐亦非佛本意必事理俱備庶二翼無損耳。

若布薩日新學菩薩半月半月常布薩誦十重四十八輕戒若誦戒時。當於諸佛菩薩形像前誦一人布薩卽一人誦若二人三人至百千人。亦一人誦誦者高座聽者下座各各披九條七條五條袈裟若結夏安居時亦應一一如法。二半月誦戒

合註布薩但舉新學者久學菩薩自不待言也披九條七條五條袈裟者九條卽僧伽梨七條卽鬱多羅僧五條卽安陀會此但指比丘比丘尼言之若式叉摩那沙彌沙彌尼止許用縵條衣名爲無縫袈裟在家二衆於誦戒及入壇時亦得用無縫衣餘時不得然善生經云若優婆塞不儲畜僧伽梨衣鉢錫杖得失意罪此特制令儲畜非制令日用又僧伽梨等卽縵條之服加以三種法號所謂無縫三衣不同比丘之九條七條五條也一一如法者如法具十八物及如法誦戒等發隱不言結夏者省文也

若行頭陀時莫入難處若惡國界若惡國王土地高下草木深邃師子虎狼水火風難及以劫賊道路毒蛇一切難處悉不得入頭陀行道乃

至夏坐安居。是諸難處・皆不得入。（三不應遊止）

發隱人身難得堪為道器。如裴丞相所謂六道之中可以整心慮趣菩提者・惟人道為能耳。是知染心所就雖號革囊。聖道攸資・實為重器。應須貴之保之。而乃不慎遊行・甘心夭逝・輕拋難得之身・橫傷致道之器耶。忍力未充臨危之際・生大苦惱・因墮惡處・故曰所喪事重也。今新學僧・有不禁夜行者・不避王法者・不謹天時風寒者・不避地氣陰溼者。動云委命龍天。實則毫無見處。夭逝之禍・疏有明文可不慎歟。（案今時自殺之風・毒中人心。身為釋子・宜加警勸。竟有身犯之者。夫夭逝之禍・古有明訓。變本加厲・苦無極矣。哀哉。）

若故入者・犯輕垢罪。（三結罪）

發隱問菩薩同流九界・乃至入地獄度眾生。所謂難行能行・難忍能忍是也。今見難而避・則何以異於二乘凡夫耶。答初心菩薩忍力未充涉險投危徒死何補俟彼智舟堅密乃堪苦海遊行。但其有利眾生・必不避難苟免。

㊂結罪重輕

此戒・備三緣成罪。

一・難處　謂惡國界等。

二、難處想　六句。二重、二輕、二無犯。

三、正遊行　發足後、步步結罪。

〔開　緣〕

或先非難處、正遊時難事忽起、無犯。

〔兼　制〕

餘十八種物、應備不備。半月誦戒、或不誦、或雖誦而不如法。隨事結過。

◉善識開遮

或為求法、或為度生、冒難非犯。

◉異熟果報

遇難、多作退道因緣。不遊堪使身心進道。

（庚）第三十八乖尊卑次第戒

若佛子。文分三。初標人、二序事、三結罪。△今初標人

應如法次第坐。先受戒者在前坐。後受戒者在後坐。不問老少、比丘、比丘尼、貴人、國王、王子。乃至黃門、奴婢、皆應先受戒者在前坐、後受戒者

次第而坐。 二序事分三。初明應，二不應，三總結。△今初明應

合註 如法有二種。一通論七衆。二別論戒次。坐有二時。一誦戒時。二平時。皆不得紊亂也。不問老少亦二義。一即通論七衆義。二即別論戒次義。一「通論」者。謂百臘比丘尼，不得於初夏比丘前坐。設比丘尼受菩薩戒，亦經百臘，猶故不得於初夏小乘比丘前坐。況是菩薩比丘。以比丘是上衆故。式叉摩那雖生年百歲，或菩薩戒已經百臘，總不得於大小乘比丘比丘尼前坐。以未是僧數故。沙彌雖生年百歲，或菩薩戒已經百臘，乃至不得於小乘式叉摩那前坐。沙彌尼雖生年百歲，或菩薩戒亦經百臘，乃至不得於小乘沙彌前坐。優婆塞雖生年百歲，受菩薩戒，亦經百臘，乃至不得於小乘驅烏沙彌尼前而坐。況復沙彌及比丘等。故善生經云。優婆塞若在比丘沙彌前行，得失意罪。當知彼約行結，坐亦有罪。此約坐結，行亦有罪也。二「別論」者。如比丘比丘尼衆，皆須兼論大小二種戒次。在大則大，在小則小。萬萬不得以大奪小。故文殊應闍王之請，尙須固遜迦葉，然後暫居其先。則平時之不亂戒次明矣。其餘五衆，唯各自論菩薩戒次，不論生年，斯易可知。言比丘比丘尼貴人等者。謂先敘七衆尊卑定分，後乃各就其類，自敘戒次也。比丘敘戒次竟，然後尼敘戒次。不言餘三衆者，省文耳。貴人即通指國王王子等。此等雖則同名在家二衆，又須各以類分。蓋王子雖受菩薩大戒，既未出家，仍不得居君父之先，故又自爲一類。乃至者，超略之辭。意顯長者宰官婆羅

門居士等別爲一類。以此輩人、就世法中、或叙爵叙齒叙德、原無定局、故今唯當叙戒。

莫如外道癡人、若老若少、無前無後、坐無次第、如兵奴之法。二不應

我佛法中、先者先坐、後者後坐。三總結

而菩薩一一不如法次第坐者、犯輕垢罪。三結罪

合註 一一者。正結指通別二種、皆須如法、及二種時、皆須次第坐也。

問。君臣父子主僕、既同受菩薩戒、猶須各爲一類。何故律中、臣先受具、王後受具、便爲下座。子先受具、父後受具、便爲下座。僕先受具、主後受具、亦便爲下座耶。△答。比丘戒法、現出世相、非世法之所攝。故君若不聽、則臣不得出家。父母不聽、則子不得出家。主人不聽、則奴不得出家。既君父主人聽許出家。一出家時、便永捨臣子奴婢名位。故君父主人後設受具、卽以彼爲上座。若君父主人在家、亦卽以彼爲尊者福田。所以五天竺國出家人法、設見君父主人、均稱檀越。而君父主人見彼既出家之臣子奴婢、必皆頭面頂禮。彼出家者、必直受之、萬無答拜之儀。此不但佛世爲然。唐時玄奘義淨等師、親至西乾、目覩其事。故父母反拜、的的無可疑怪。若夫菩薩戒法、通於世出世間、不壞俗諦。故雖受菩薩戒、君仍是君、臣原是臣、父子主僕、亦復如是。若欲亂其名位、而統敍戒次、則世法不成安立矣。

問。若一出家時、永捨臣子奴婢名位、豈非無君無父、正被儒者所譏。△答。但捨虛名、不捨恩義。故

律制比丘，應盡心盡力孝養父母。若不孝養，則得重罪。乃至佛母涅槃，佛尙親手舉柩。又比丘身處山林，故無事君之禮。倘受王供養，與王親善，亦須隨事納忠。此卽不廢世間忠孝。而況如法修行，弘通至教。令天龍歡喜，護國護民。令過現父母同離苦海。此更成就出世忠孝。然則大忠大孝，孰過出家。有此大義，必不容更論小小虛名虛位矣。

問，菩薩戒法，不壞俗諦，此理誠然。如前所云在大則大，在小則小。亦可例云在眞則眞，在俗則俗。今出家人，既受菩薩戒法。則見君父主人，亦可還同俗法否。△答。前云在大則大，在小則小者。以大小雖殊，總稱比丘故也。今欲例云在俗則俗者。汝不復爲菩薩比丘沙彌，竟爲菩薩優婆塞耶。若汝實爲菩薩優婆塞者，便不復入沙彌比丘之數。云何又得徧同大小二衆敍戒次耶。若欲以優婆塞身，雜入沙彌比丘之列，則大壞出世之相。既菩薩戒不壞世相，豈可反壞出世相耶。不知世出世相，皆名俗諦，建立皆不可壞。故出家菩薩，仍行出家儀則。在家菩薩，乃順在家儀則。此卽名爲通於世出世間，謂之在眞則眞，在俗則俗，亦皆得矣。

問，菩薩大戒，受之盡於未來，申之極於佛果，可謂至尊至勝，至妙至大。何故受此戒者，尙不許亂世間名位。而出家戒法，受之不過盡壽，申之不過羅漢。反可安受君父主人之禮拜耶。△答。論廣大，則莫若菩薩戒法。論尊重，則莫若出家律儀。蓋是聖賢幢相。出世芳標，僧輪所繫，佛法所關。不但堪受君父主人禮敬。亦已堪受四王帝釋之禮。亦已堪受梵王之禮。亦已堪受大千界主摩醯首羅之禮。又不但比丘比丘尼也。雖沙彌等，亦可受君父主人禮敬。以君父等雖受五戒及菩薩戒。猶故居家未斷正婬。不若沙彌全斷婬欲。永離生死苦因故。以君父等雖於年三月六。受八戒齋。不如沙彌盡壽不非時食。永離生死增上緣故。以君父等雖受五戒。及菩薩戒。猶得著香華鬘。香油塗身。歌舞倡伎作及觀聽。坐高廣牀。唯於齋日暫爾戒之。不如沙彌皆永捨故。以君父等雖受五戒。及菩薩戒。并於年三月六。受八戒齋。猶得畜金銀寶物。如法營利。仰事俯育。不如沙彌依僧而住。離妨道法。威儀正命。皆悉極清淨故。但令如法出家持戒。雖受君主父母天龍鬼神禮敬。誠無過咎。且令君父等增長福聚。功更難思。倘無出家實德。縱反禮君父天神。亦何救於破戒之罪。但壞亂佛法威儀。增其過謬耳。嗟嗟。末世出家。有名無義。若僧若俗。皆悉狃於見聞。安於陋習。爲說正法。誰當信者。聊述舊章。令人稍知出世遺軌也。又此出世軌式。卽是菩薩戒中所出。亦皆攝入菩薩戒中。故菩薩戒得稱廣大。兼具尊重之義。若欲廢此七衆定位。則既無尊重之儀。亦失廣大之義矣。

問。出家戒法。既爾尊重。何故法華經中。常不輕比丘通禮四衆。授記作佛。△答。此是圓解初開。慶而且懸。觀彼時機。應以大乘緣種而强毒之。故作此破格行門。非是通途軌式也。倘實可通行。則世尊昔時既由此得淨六根。便當以此法敎示四衆。豈有悋惜之心。而大小律門。並制僧不拜俗。當知大有所關。且小律僅云不應反禮白衣。語猶平易。至於大乘經律。則云菩薩坐時。見王長者起者。得罪。若先跏趺。見王長者跪者。得罪。若先衣不整。見王長者檢容整服者。得罪。若王長者說惡語時。隨意稱讚者。得罪。觀其辭峻旨嚴。比小律而更甚。倘亦懸見末世之中。白衣習氣日傲。緇門體態日卑故設此厲禁希挽回其萬一乎然則在家菩薩好心受佛戒者必應尊敬出家大小乘衆縱令破戒無戒之儔亦不可慢須如象王之於獵者羅刹之於罪人方名敬佛敬戒而出家菩薩必應善學善行大小律儀以膺人天禮敬庶幾不辱僧體堪爲福田固不得徒事謙恭尤不得但恃堂堂僧相空腹高心增長我慢濫叨賢聖之標正恐人身未可長保袈裟一失厥苦方深幸相與痛勉之。

◉結罪重輕

此戒備三緣成罪。

一非次　謂通別二種。

二非次想　六句二重二輕二無犯。

三正坐　坐者及使坐者同犯隨一一坐結罪。

◉善識開遮

如文殊迦葉應闍王請又下座或沙彌等說法則登法座。

◉異熟果報

不敬戒律遠離正法依戒相敬出生勝益如往昔雞猴及象因緣具載經律。

（庚）第三十九不修福慧戒

若佛子。常應敎化一切衆生建立僧坊山林園田立作佛塔冬夏安居坐禪處所。一切行道處皆應立之。文分三。初標人。二序事。三總結第四段。△今初標人 二序事分三。初修福。二修慧。三擧非結過。△今初修福

發隱僧坊以聚集大衆。山林以覆蔭大衆。園使衆得棲息。田使衆得膳養。佛塔立則衆瞻依有所。安居定則衆禪那易修。一切行道處統論大衆修進道業之處也。作如是事。其福可知。要集第十經云。佛言爾時道俗訛替。競與齋講。强抑求財。營修塔寺。依經不合。反招前罪。蓋言非理募化。而自附營修。以公濟私。誣因昧果。所謂天堂未就。地獄先成。如是修福。不如避罪。學者又不可不明辨也。

而菩薩應爲一切衆生講說大乘經律。若疾病。國難。賊難。父母兄弟和尙阿闍黎亡滅之日。及三七日。四五七日。乃至七七日。亦應講說大乘經律。一切齋會求願。行來治生。大火所燒。大水所漂。黑風所吹船舫。江湖大海羅刹之難。亦讀誦講說此經律。乃至一切罪報。三惡八難七逆杻械枷鎖繫縛其身。多婬。多瞋。多愚癡。多疾病。皆應講此經律。二修慧

【發隱】疾病者、此經律能療衆生無明宿患故。國難者、此經律能守護心王故。賊難者、此經律能摧破惡魔故。父母師長亡滅者、此經律能資導冥識故。齋會求願者、此經律能滿足行願故。行來治生者、此經律能具足法財故。大火者、此經律能滅除煩惱燄故。大水者、此經律能枯竭恩愛河故。黑風所吹者、此經律能於苦海作大舟師渡諸衆生故。一切罪報者、此經律能於地獄作大赦書蠲諸業障故。三惡八難七逆者、此經律能化惡爲善、轉難爲祥、返逆爲順故。杻械枷鎖者、此經律能解脫身心內外諸縛著故。多婬多瞋多癡者、此經律能消滅三毒、發生清淨心慈悲心智慧心故。以要言之、戒能止惡行善、廣度衆生、亦何往而不利、何求而弗得耶。

而新學菩薩若不爾者、犯輕垢罪。（三舉非結過）

◉結罪重輕

隨力應修、遇緣當爲而不爲、一一結罪。

若慊恨心——染污犯

懶惰懈怠——非染污犯

〔開緣〕

力不及者、無犯。（戒本經所謂住少利少作少方便也）

◉善識開遮

或常修禪誦等一切勝業無暇他營。

◉異熟果報

不修則失二種莊嚴修則菩提資糧任運增長。

如是九戒應當學敬心奉持梵壇品當廣明。第三總結第四段

（庚）第四十揀擇受戒戒

若佛子。文分二。初標人二序事。△今初標人

與人受戒時不得揀擇。一切國王王子大臣百官比丘比丘尼信男信女婬男婬女十八梵天六欲天子無根二根黃門奴婢一切鬼神盡得受戒。二序事分三。初不應揀。二應揀。三舉非結過。△今初不應揀

合註不得揀擇者不應揀於品類謂國王乃至鬼神盡有佛性盡可隨類行菩薩道故盡得受戒也。

應教身所著袈裟皆使壞色與道相應。皆染使青黃赤黑紫色。一切染

衣乃至臥具盡以壞色身所著衣一切染色若一切國土中國人所著衣服比丘皆應與其俗服有異若欲受戒時師應問言汝現身不作七逆罪不菩薩法師不得與七逆人現身受戒七逆者出佛身血殺父殺母殺和尚殺阿闍黎破羯磨轉法輪僧殺聖人若具七逆卽現身不得戒餘一切人盡得受戒（二應揀）

合註而亦有二事應揀一是形儀二是業障應教身所著袈裟等者教令揀形儀也梵語袈裟此云染衣亦云壞色亦云臥具乃出家衣服之都名青黃赤黑紫色者律制三種壞色謂青黑木蘭今制五種按彌沙塞部若青色衣以黑木蘭點作淨黑衣點以青及木蘭木蘭衣點以青黑是名壞色今亦應爾比丘皆應與俗服有異者正明比丘及比丘尼體是僧寶故特爲制三種田衣永異凡俗其式叉摩那等五衆唯須壞色不得濫同比丘也（發隱）法滅盡經云。法欲滅時。袈裟自然變白。當知衣白法滅之相。此中制白衣高座。則知道俗以緇白別。不可不慎也。應問現身不作七逆罪等者教令揀業障也七逆業成定墮無間所以正障戒品前生非復可知亦復不爲戒障故但問現身也父者此身是其遺體若義父等非逆母者此身從彼而生若嫡庶等非逆和尚者比丘有二種一十戒和尚二具戒和尚比丘尼有三種一十戒和尚尼二式叉摩那受六法和尚尼三具戒和尙尼。皆不得以比丘爲之式叉摩那有二種。一十戒和尙尼。二六法和尙尼。沙彌沙彌尼皆一種。卽授與十戒者也。阿闍黎者。比丘有五種。一十戒闍黎。二受具時教授闍黎。三受具時羯磨闍黎。四依止闍黎。乃至與依止僅一夜。五教讀闍黎。乃至從受一四句偈。或說其義。比丘尼有七種。加受具時比丘僧中羯磨闍黎。及六法闍黎。尼式叉摩那有三種。一十戒闍黎。二六法闍黎。三教讀闍黎。沙彌沙彌尼各二種。一十戒。二教讀。優婆塞優婆夷各三種。一受五戒闍黎。二受八關戒齋闍黎。三教讀闍黎。又若幷取受菩薩戒闍黎。則七衆各加一種。破羯磨僧者。極少有八人同住。皆是比丘。四人四人。各自爲黨。於一大界之中別說戒。別作種種羯磨。破轉法輪僧者。下至九人。一人自稱佛。誘彼四比丘別從其教。餘四比丘守正不從。分作二部。不論界內界外。但令非法說法。如提婆達多等名破法輪。聖人者。小乘四果大乘發趣以上也。

出家人法。不向國王禮拜。不向父母禮拜。六親不敬。鬼神不禮。但解法師語。有百里千里來求法者。而菩薩法師以惡心瞋心而不卽與授一切衆生戒者。犯輕垢罪。三舉非結過

合註夫不拜父母國王。不敬六親鬼神。而但解法師之語。則其待法師者何重。百里千里而

來、則其求法之心何切。此而不授、辜負當機、不太甚乎。惡心嗔心者、明非見機益物之心。一切衆生戒者。明此大戒、本是一切衆生所應同受。不似比丘及沙彌戒、須擇品類授也。**發隱**問經言百里千里來求、而不與授、犯輕垢罪。使彼缺三戒而未受。輕千里而來求、乃弗與授、寧不犯過。答以惡心嗔心不與者犯。不言無惡無嗔而不與者亦犯也。夫不與者、非終不與。欲其合佛明制、而後與也。何罪之有。△問前文背大向小戒、不習學佛戒、暫念小乘戒、或不許習二乘經、或不許受二乘律、或不許發二乘心。然則直受菩薩戒、豈不正合經意。答不許習學受持者、爲已受菩薩戒者言也。已受其大、復從其小。倒行反墮、烏得無罪。若未受大、既無所受、又何所背、而曰背大向小等耶。且偏閱大藏、曾無一言不許受聲聞戒而直受菩薩戒。亦何所據而云然乎。△問沙彌不得受菩薩戒、則沙彌不及鬼畜等、及在家二衆歟。何彼得受、此反不得。答在家與出家、體制自別。在家者、必受五戒、方得受菩薩戒。出家剃染者、必受比丘戒、方得受菩薩戒。鬼畜男女等得受者、是已有五戒者也。五戒未受者、不得與沙彌未受具者準也。夫三寶之名、因比丘戒而成。沙彌未得與三寶流也。果若而言、沙彌俱直受大戒、則比丘之戒廢矣。比丘戒廢、則僧寶廢。僧寶廢、則三寶缺矣。一擧而缺三寶、其失可勝言哉。

●結罪重輕

此戒備四緣成罪

一受戒器　謂非七逆。又形儀如法。

二堪受想　六句二重。二輕。二無犯。

三有揀擇心　謂或惡其下賤。嗔其貧乏等。正是業主。

四令不得受　隨所拒人。結罪。

〔開緣〕

若知不堪受者。無犯。

菩薩戒羯磨文云。若諸菩薩欲授菩薩戒時。先應為說菩薩法藏。摩怛理迦。菩薩學處。及犯處相。令其聽受。以慧觀察。自所意樂。堪能思擇。受菩薩戒。非惟他勸。非為勝他。當知是名堅固菩薩。堪受菩薩淨戒律儀。△又云。無淨信者。不應從受。謂於如是所受淨戒。初無信解。不能趣入。不善思惟。有慳貪者。慳貪蔽者。有大欲者無喜足者。不應從受。毀淨戒者。於諸學處。無恭敬者。於戒律儀。有慢緩者。不應從受。有忿恨者。多不忍者。於他違犯不堪耐者。不應從受。有懶惰者。有懈怠者。多分耽著。日夜睡眠。樂倚。樂臥。樂好合徒侶。樂嬉談者。不應從受。心散亂者。下至不能轂牛乳頃善心一緣住修習者。不應從受。有闇昧者。愚癡類者。極劣心者。誹謗菩薩素怛羅藏及摩怛迦者。不應從受。解曰。此皆揀非法器也。豈可漫云無揀擇耶又前人本不欲受。强令受戒。亦犯輕垢。

◉善識開遮

如沙門道進。求曇無讖受菩薩戒。讖不許。且命悔過。七日七夜竟。詣讖求受。讖大怒。不答。進自念業障未消。復更竭誠禮懺。首尾三年。乃夢釋迦文佛授以戒法。明日詣讖。欲說所夢。未至數步・識卽驚起・口唱善哉・已得戒矣・我當爲汝作證・次第於佛像前・更說戒相・此則見機利益・先不爲授・雖示大怒・非惡心瞋心也。

◉異熟果報

妄揀・則得悋法之罪失・於二利・善揀則莊嚴眷屬・光顯法門。

(庚)第四十一爲利作師戒

若佛子。文分二。初標人・二序事。△今初標人

教化人起信心時・菩薩與他人作教誡法師者。見欲受戒人・應教請二師・和尚阿闍黎二師。應問言・汝有七遮罪不。若現身有七遮罪者・師不應與受戒。若無七遮者・得與受戒。若有犯十戒者・應教懺悔・在佛菩薩形像前・日夜六時・誦十重四十八輕戒・苦到禮三世千佛・得見好相。若一七日・二三七日・乃至一年・要見好相・好相者・佛來摩頂・見光見華・種種異相・便得滅罪。若無好相・雖懺無益・是人現身亦不得戒・而得增益受戒。若犯四十八輕戒者・對首懺悔・罪便得滅・不同七遮。而教誡師於

是法中一一好解

二序事分三。初明解、二不解、三擧非結過。△今初明解

合註 教誡法師、卽教授阿闍黎也。比丘戒法、於僧中受。故和尙及羯磨闍黎、皆須現在比丘爲之。菩薩戒法、於十方諸佛菩薩前受。故現在法師、但得爲教授闍黎。應教請二師者、謂請本尊佛爲和尙、此土卽是釋迦。請補處大士爲阿闍黎、此時卽是彌勒。是名爲二師也。文中以和尙阿闍黎二師爲句。應問言者、卽是教誡師應問。此謂未請二師之前、先應問其遮難。知無七遮、方教請二師耳。故菩薩善戒經云。十方諸佛菩薩大德聽。今某甲三說時已從十方諸佛及菩薩僧得菩薩戒。說者我是、受者某。是我爲某甲證人。大師者、謂十方無量諸佛菩薩僧是。小師者、我身是也。又受菩薩戒、既以本佛爲和尙、補處爲闍黎。亦卽以十方佛爲同壇尊證、十方菩薩爲同學善友。今不言請尊證同學者、亦如比丘受戒但請二師也。他經亦有備請五位聖師者、隨機廣略、故不同耳。犯十戒者、謂曾受此菩薩大戒而毀犯之。或曾受比丘沙彌及五戒等而破於根本、故須得見好相。若本未受戒時、作殺盜等業。止有世間性罪、不名犯戒、亦不須問。唯七逆須問耳。現身亦不得戒者、謂不許重受大戒而得增益受戒者、謂作來生受戒勝因。對首懺悔者、謂對淸淨大小乘衆、自首其罪、誓不更造、卽所謂作法懺也。發隱 三世千佛、三世各有千佛也。佛摩頂者、佛昔以百福莊嚴兜羅緜手、摩將病人、病卽除愈。今來摩頂、罪豈不滅。光者明照義、黑業消之相。華者開敷義、結縛解之相。又此好

相不作聖心名罪滅境若生聖解卽墮羣邪。

若不解大乘經律若輕若重是非之相不解第一義諦習種性長養性性種性不可壞性道種性正法性其中多少觀行出入十禪支一切行法一一不得此法中意。二不解

合註若輕若重是非之相者輕則易懺重則難懺。是犯須懺。非犯則不須懺。倘輕罪說重。重罪說輕。犯謂非犯。非犯謂犯。不能使人決疑出罪也。第一義諦者。卽是戒之體性。亦卽心地之正因常住之極果。習種性長養性者。謂研習空觀漸次增長。卽十發趣心。性種性不可壞性者。謂分別假性。俗諦建立。故不可壞。卽十長養心。道種性者。謂中道能通。卽十金剛心。正法性者。謂證入聖位。卽十地及等妙二覺。多少觀行出入者。謂發趣則從假入空。長養則出空入假。金剛則迴二邊入中道。十地則從凡入聖。又習種性則空觀尚少。長養性則空觀乃多。性種性則假觀尚少。不可壞性則假觀乃多。道種性則中觀尚少。正法性則中觀乃多。又三觀次第修習則少。若一心中修習則多也。十禪支者。卽四禪所用喜樂等十支也。不解輕重是非。則昧於戒相。不解第一義諦。則昧於戒理。不解習種性等。則昧於道共定共種種差別。昧戒相。則不能決疑出罪。昧戒理。則不能啟迪眞信眞解。昧道定差別。則不能令人修證

趣入。可謂一盲引衆盲矣。

而菩薩爲利養故·爲名聞故。惡求多求·貪利弟子。而詐現解一切經律·爲供養故。是自欺詐·亦欺詐他人。故與人授戒者犯輕垢罪（三舉非結過）

發隱 佛藏第四經云。雖是凡夫清淨持戒·不貪利養多聞廣喻·猶如大海唯說清淨第一實義所說如是·亦如是行。舍利弗·如是說者·我聽說法。今貪利養爲利作師·豈得不犯。夫名利在我浮雲之過太虛也。其得甚微·邪解入人·早黑之污素帛也。其害甚大·以己小利·誤彼信心·彼若墮落·師與同墮。可弗慎乎。問此中亦有不解大乘經律等文·與第十八無解作師何別。答彼專無解·此兼爲利·意重爲利·故與前別。（祈參閱八十面之案語）

◉結罪重輕

此戒備二緣成罪。

一是爲利心

二攝受徒竟

前之無解作師·過在好名。今則正在好利。名利皆生死根本·菩提大障·其罪是均。故皆結云自欺欺他。而爲利者·其心益陋劣矣。

〔兼制〕

爲貪奉事畜養眷屬。是染汙犯。出戒本經

◉善識開遮

唯遮不開。

◉異熟果報

破壞法門。劇於惡律儀罪。

（庚）第四十二爲惡人說戒戒

若佛子。文分二。初標人。二序事。△今初標人

不得爲利養故。於未受菩薩戒者前。外道惡人前。說此千佛大戒。邪見人前。亦不得說。除國王。餘一切不得說。二序事分三。初所不說境。二出不說故。三舉非結過。△今初所不說境

合註說戒者。半月半月誦戒也。△除國王者。佛法付囑國王故也。

是惡人輩。不受佛戒。名爲畜生。生生之處。不見三寶。如木石無心。名爲外道。邪見人輩。木頭無異。二出不說故

合註塵生浪死。故名畜生。頑然罔覺。故如木石。（發隱）是惡人輩。有耳不聞戒名。有目不見戒光。有鼻不嗅戒香。有舌不餐戒味。有身不踐戒地。有心不見戒相。六根窈冥。與畜生木石何殊焉。向之說法。非唯不曉。復生謗訕。故不應也。背覺合塵。常居理外。故名外道。

而菩薩於是惡人前說七佛教戒者．犯輕垢罪。三舉非結過

發隱前戒揀擇．今戒惡人。所謂不揀擇中甄別自明．悲智雙行之道也。若執不揀．泛濫說戒．甚非所宜。應須生重法心。愼勿示之．以易令彼愚頑倍增藐忽。

案毘尼後集問辨云。問。梵網云．於未受戒人前說七佛教戒者．犯輕垢罪。若謂但遮誦時．不遮講時者。誦時僅宣文句．講時備解義理。重筌輕魚．有何意旨。答。比丘戒法．關係僧輪．爲防賊住．故一切俱遮。菩薩戒法．普收五道。解義發心．事非所禁。但誦戒時．恐有發露懺悔之事．不合令未受者知。故云不得說也。△問。懺罪羯磨中．許向小乘悔過。梵網經中．不得向未受菩薩戒者前說此千佛大戒。尚不應向說．況可向悔過耶。又云何通。答。小乘雖未受菩薩戒．而是住持僧寶．堪受懺悔。又聲聞人雖未識長者．是父實是長者眞子。非餘一切未受戒者可比也。至於半月說戒．遣之令出．則是布薩常規．亦是彈斥微旨。不可執此而難彼矣。

◉結罪重輕

此戒備四緣成罪。

一．未受戒人　謂未受菩薩戒者。

二．未受人想　六句二重．二輕．二無犯。

三．有爲說心　謂或爲利養等。

四、前人得聞　從此時結罪。

◉善識開遮

唯遮不開。

◉異熟果報

說則輕褻正法。不說則屏翰正教。

（庚）第四十三故起犯戒心戒

若佛子。（文分二。初標人。二序事。△今初標人）

信心出家受佛正戒。故起心毀犯聖戒者。不得受一切檀越供養。亦不得國王地上行。不得飲國王水。（二序事分三。初受施不宜。二人鬼所毀。三舉非結過。△今初受施不宜）

發隱　阿毗達磨俱舍釋論云。犯根本罪者。於大衆食及住處。佛不許此人噉一段食。踐一脚跟地。觀此則知破戒比丘。天地雖寬。無處可著。檀那雖衆。滴水難消。可不懼哉。

五千大鬼常遮其前。鬼言大賊。若入房舍城邑宅中。鬼復常掃其腳迹。一切世人皆罵言。佛法中賊。一切衆生眼不欲見。犯戒之人。畜生無異。木頭無異。（二人鬼所毀）

【合註】謂出家菩薩。本以信心受戒。故堪受一切供養。堪受天人鬼神恭敬。若受而故毀。便不得受一切供養。便爲鬼及世人所賤。可見戒之不可毀犯如此。奈何起心故欲毀之。雖尙未毀。先已從心結罪矣。(發隱)持戒之人。善神衛體。破戒之輩。惡鬼隨身。何也。善惡氣分自然相感。如世貴人。輿馬僕從之所呵護。如世囚犯。杻械兵卒之所防禁也。此諸惡鬼。存日障其前途。故威德日消。所作不利。死時引入地獄。故身心痛苦。神識昏迷。【發隱】掃其脚迹者。經言賢聖誦經行道之處。其地皆爲金剛。今此惡人遊行之處。其地皆悉穢染。鬼安得不掃其脚迹耶。佛法中賊者。破戒惡人。所謂偷佛衣。盜佛飯。在佛法中反害佛法。非大賊而何。

若故毀正戒者。犯輕垢罪。（三舉非結過）

案靈芝律主云。嗟今講者。學非經遠。行乃塵庸。媚世趨時。爲師據位。豐華四事。盛聚來徒。馳逐五邪。多求利養。誰念弘揚三寶。但知虛飾一身。未善律儀。安能軌衆。率由臆度。妄立條章。故有罰米贖香。燒衣行杖。遂使僧宗濫濁。佛化塵埃。道在人弘。誰當斯寄。嗚呼。△又云。今時禪講。各尙己宗。頓忘戒律。況加輕弄。惑誑後生。謂持戒則徒自拘囚。學道則不勞把捉。豈念壇場立誓。盡壽堅持。非戒無以爲僧。非戒將何受施。阿鼻苦楚。本爲忘恩。瘖瘂盲冥。良由謗法。金言訶制。明爲將來。後學聰明。幸遵慈訓。△又云。十誦。諸比丘廢學毘尼。便讀誦修多羅阿毘曇。世尊種種訶責。乃至由有毘尼。佛法住世。等十誦中。佛制比丘五夏已前。專精律部。若達持犯。辨比丘事。然後乃可學習經論。今越次而學。行旣失序。入道無由。大聖訶責。終非徒爾。今時纔霑戒品。便乃聽教參禪。爲僧行儀、一無所曉。況復輕陵戒檢毀呰毘尼貶學律爲小乘、忽持戒爲執相。於是荒迷塵俗、肆恣兇頑。嗜杯臠、自謂通方、行婬怒言稱達道。未窮聖旨錯解眞乘。且戒必可輕、汝何登壇而受。律必可毀、汝何削髮染衣。是則輕戒全是自輕、毀律還成自毀。妄情易習、正道難聞。拔俗超羣、萬中無一。請詳聖訓、能無從乎。△又云今禪講之衆、所學雖殊、未有不受戒者。若本爲持、則發戒品。反此徒受、定無有戒、則將何以爲僧寶、以何而消信施。空自剃染、終爲施墮。又復方等大乘、止開心解、不拘形服。淨名居士、華嚴知識、隨緣化物、不假形儀。今既通方、何勞剃染。如能省己、當自摩頭。△又云今時禪講、自謂大乘、不拘事相。綾羅鬬美、紫碧爭鮮。肆恣貪情、背違聖敎。豈不聞衡岳但服艾絮、以禦風霜。天台四十餘年、唯被一衲、永嘉食不耕鋤、衣不蠶口。荊溪大布而衣、一牀而居。良由深解大乘、方乃專崇苦行。請觀祖德、勿染邪風。則稟敎修身、眞佛子矣。

◉結罪重輕

此戒、備三緣成罪。一是犯。二犯想。三起心欲犯。念念輕垢。

［兼制］

起五蓋心、不開覺者、是染汚犯。出戒本經

◉善識開遮

唯遮不開。

◉異熟果報

任其故起則障增上戒障增上心障增上慧得輕戒罪。若能開覺則戒根堅固定慧可剋。

（庚）第四十四不供養經典戒

若佛子。 文分二。初標人。二序事。△今初標人

常應一心受持讀誦大乘經律。 二序事分三。初標勸受持。二別列勸事。三舉非結過。△今初標勸受持

【發隱】一心者無二心也。一心不亂始名持誦也。一心念佛有事有理此亦應爾事一心者以心守戒持之不易誦之不忘。無背逆意無分散意。心不違戒戒不違心。名一心也理一心者心冥乎戒。不持而持持無持相。不誦而誦誦無誦相卽心是戒卽戒是心不見能持所持雙融有犯無犯。名一心也。

剝皮爲紙刺血爲墨以髓爲水析骨爲筆書寫佛戒。木皮榖紙絹素竹帛亦悉書持。常以七寶無價香華一切雜寶爲香囊盛經律卷。 二別列勸事

【合註】供養有五事。一受持。二讀。三誦。四書寫。五香華雜寶供養。剝皮爲紙等舉重況輕。（發隱）剝皮刺血等有二義。一者身分血肉命根所關。世間至寶重者。是捨其身命而流通慧命也。二者四大虛假終歸朽敗。世間至無用者。是捨其無用而成就大用也。榖字從㱿從木。或從禾作穀者非。穀者禾實。今榖是楮樹可造紙故。

若不如法供養者。犯輕垢罪。三舉非結過

【義疏發隱】經典是佛母。應供養。不者犯罪。三世諸佛皆從經中出。故云佛母。忽慢父母而不供養。是不孝也。尚得名爲戒乎。案南山律主云。佛像經教。住持靈儀。並是我等所尊敬。則至眞齊觀。今流俗僧尼。多不奉佛法。並慇敎網。內無正信。見不高遠。致虧大節。或在形像之前。更相戲弄。出非法語。舉目攘臂。偏指聖儀。或端坐倨傲。情無畏憚。雖見經像。不起迎奉。致令俗人輕笑。損滅正法。故僧祇中。禮人不得對於佛法。乃至懸施旛蓋不得蹈像。別施梯蹬。以此文證。明敬處別。既知多過。彌須大慎。至堂殿塔廟。如履冰臨深。覩形像經教。必愊然加敬。此則道俗通知。奉法賢聖。達其信心。且如對王臣令長。事亦可會。凡情難任。聖法宜遵。

◉結罪重輕

無敬法心。故得罪也。

◉善識開遮

唯遮不開。

◉異熟果報

慢法則遠離正法。失智慧種。敬法則生生處處。常遇妙法。

(庚)第四十五不化衆生戒

若佛子。文分二。初標人。二序事。△今初標人

常起大悲心（二序事分三。初勸起悲心。二列悲心事。三舉非結過。△今初勸起悲心）

合註 大悲心者。知一切衆生及三世諸佛與我身心無二無別。欲拔其性德之苦。而與以性德之樂也。（發隱）不言慈者。慈與樂。悲拔苦。拔苦急於與樂也。又苦去即樂。悲兼慈故。是以贊佛曰大悲世尊。贊觀音曰大悲菩薩。良以大小乘所由分別。正在於此。學菩薩者不可頃刻而忘此心。故曰常起也。

若入一切城邑舍宅。見一切衆生。應當唱言。汝等衆生。盡應受三歸十戒。（二列悲心事分三。初見人令發心。二見畜令發心。三隨方隨見令發心。△今初見人令發心）

發隱 不曰五戒而曰十戒者。五戒人天之因。十戒菩薩之道也。

若見牛馬猪羊一切畜生。應心念口言。汝是畜生。發菩提心。（二見畜令發心）

合註 心念口言者。了達同體法性之力。冀令感通開悟也。

而菩薩入一切處山林川野。皆使一切衆生發菩提心。（三隨方隨見令發心）

是菩薩若不發教化衆生心者。犯輕垢罪。（三舉非結過）

◉結罪重輕

此戒備四緣成罪。一衆生。二衆生想。三無教化心。四不行教化。過可化而不化。隨事結過。

〔兼制〕

合註云。大士化度衆生。不出四攝。一者布施。卽財法無畏三種。如慳瞋殺盜等戒所制。二者愛語。卽此戒制。三者利益。四者同事。戒本經中別制。此經亦屬此戒所攝。

利益攝

以慊恨心不隨他者——染污犯

懶惰懈怠——非染污犯

開緣

若彼欲爲不如法事

若病

若無力

若護僧制

若彼雖如法能令多人起非法事。

若伏外道故

若以方便令彼調伏

——無犯

同事攝

瞋恨心——染污犯

懶惰懈怠——非染污犯

見衆生所作不與同事。所謂思量諸事。若行路。若如法興利。若田業。若牧牛。若和諍。若吉會。若福業。不與同者如後。

開緣

若病
若無力
若彼自能辦
若彼自有多件
若彼所作事非法非義
若以方便令彼調伏
若先許他
若彼有怨
若自修善業不欲暫廢
若性闇鈍
若護多人意
若護僧制
——無犯

◉善識開遮 原略

◉異熟果報

不化則失二利。化則二利增長。

（庚）第四十六說法不如法戒

若佛子。文分二。初標人。二序事。△今初標人

常應教化起大悲心。若入檀越貴人家一切衆中。不得立爲白衣說法。應在白衣衆前高座上坐。二序事分三。初總明普說。二別爲四衆。三擧非結過。△今初總明普說

合註　高座者以高卑言。上坐者以上下言。

法師比丘。不得地立爲四衆說法。若說法時。法師高座香華供養。四衆聽者下坐。如孝順父母。敬順師教。如事火婆羅門。二別爲四衆

發隱　事火者。婆羅門事火致敬盡禮。故借爲喩。欲其以事邪法之心事正教也。僧尼縱令有道可尊。終難以道廢法。高座下坐之制。毋以僧尼故而捨置不行也。

其說法者。若不如法說。犯輕垢罪。三擧非結過

合註　不如法說。謂不順說法儀式。非謂顚倒謬說也。

◉結罪重輕

此戒備三緣成罪：

一．不如法

二．不如法想

三．正說法
- 若爲名利——染污犯
- 若忘誤——非染污犯

此且據坐言。若準律中．則如下所列．皆不得爲說。

人臥己坐。人坐己立。人在座．己非在座。人在高座．己在下座。人在前行．己在後行。人在高經行處．己在下經行處。人在道．己在非道。衣纏頭者。覆頭者。裹頭者。叉腰者。著革屣者。著木屐者。騎乘者。持杖者。持劍者。持矛者。持刀者。持蓋者。

〔開緣〕

除爲病人說法．一切不犯。

◉善識開遮

僧祇律云。若比丘爲塔事僧事．詣王及地主時。彼言比丘爲我說法。不得語令起．恐生疑故。若邊有立人者．即作意爲立人說。王雖聽．比丘無罪。又比丘患眼．前人捉杖牽前．爲說無罪。又比丘在怖畏險道時．防衛人言．尊者爲我說法。雖持刀杖．爲說無罪。

◉異熟果報

不如法．則令彼此皆招慢法之罪。如法．則令彼此皆有敬法之益。

（庚）第四十七非法制限戒

若佛子。 文分二。初標人、二序事。△今初標人

皆已信心受佛戒者。 二序事分三。初標受戒人、二明制限事、三舉非結過。△今初標受戒人

若國王太子百官、四部弟子。自恃高貴、破滅佛法戒律。明作制法、制我四部弟子、不聽出家行道。亦復不聽造立形像、佛塔、經律。立統官制衆、使安籍記僧。菩薩比丘地立、白衣高座。廣行非法、如兵奴事主。而菩薩正應受一切人供養。而反爲官走使、非法非律。若國王百官、好心受佛戒者、莫作是破三寶之罪。 二明制限事

合註 四部者。居士、居士婦、童男、童女也。不聽出家行道、則斷僧寶。不聽造形像佛塔、則斷佛寶。不聽造經律、則斷法寶。**發隱** 安籍記僧者。安設簿書、記僧名字。使多寡有數、不得增益。夫僧遊世外、宜放令自如。而乃定之版圖、擬諸編氓、可乎。惜乎末世少見爲王官者入僧寺。故造僧籍。多見爲僧尼者置民產。自入民籍耳。悲哉。至於地立走使、亦僧之過、非王官過也。翹首而高參鳥窠、泥塗迴絕三詔而不回。信祖趣步無蹤。地立走使、非僧自取而何哉。

若故作破法者犯輕垢罪三舉非結過

【發隱】貞觀九年，詔天下諸州有寺之處，各度僧尼，務取德行精明者。其有溺於流俗，或假託鬼神，妄傳妖怪。或謬稱醫巫，左道求利。或灼鑽膚體，駭俗驚愚。或造詣官曹，囑致贓賄。凡此等類，大虧聖教。朕情在護持，必無寬貸。宜令所司，依附內律，參以金科，明為條制。此則雖有所制，不犯今戒。所以者何，僧尼暴橫，滅法之由。司世道者，從而抑之，佛法乃得久存而無弊。是正以安僧，非以病僧也。況詔以內律金科參用，則非純任王法也。如文皇者，眞可謂得大士之善權，而非凡量可測矣。

案南山律主云。又還自騰踐，如已莊宅。衆僧房堂，諸俗受用。毀壞損辱，情無所媿。屈道承俗，如奴事主。是名寺法滅也。原註云，其甚者打罵衆僧，種種非法。取要言之，從僧强力抑奪，貸借乞請。乃至停屍僧院，舉哀寺內，置塚澡浴等。並非法也。靈芝釋云。此科大字，並引寺誥。故註以助之。乞請，即求索請觀諸事。彼時尚然。今何足怪。更有殿堂飲醼，僧廚宰殺，寄著雜物，貯積粮儲。或射作衙庭，或編為場務。婚姻生產，雜穢難言。斯由道衆之非才，豈獨俗儒之無識。每恨法門之覆滅，孰為扶持。更嗟獄報之艱辛，誰當救療。必懷深識，豈不再思。是知禍福無門，唯人所召。有力能濟，傳而勉之。

◉結罪重輕

此戒，備四緣成罪。一是三寶事。二三寶事想。三有制限心。四制限得成，隨事結罪。

◉善識開遮

如彌勒昔為國王，假設非法制限，以興正法。

◉異熟果報

制限，則得斷滅三寶大罪。不制，能招弘護三寶功德。

（庚）第四十八破法戒

若佛子，文分三。初標人，二序事，三總結第五段。△今初標人

以好心出家，而為名聞利養，於國王百官前說佛戒者，橫與比丘比丘尼菩薩戒弟子作繫縛事，如獄囚法，如兵奴之法。如師子身中蟲，自食師子肉，非餘外蟲。如是佛子自破佛法，非外道天魔能破。二序事分三。初不應破法，二明應護法，三舉非結過。△今初不應破法

合註國王百官，指已受佛戒者。雖是同法之人，得於彼前說菩薩戒，而不得於彼前橫作非法治罰也。弟子有過，但應如法治罰，不應作繫縛事，如獄囚兵奴，以傷出家軌式。案南山律主云。檢諸經律，無為訓治故開比丘行笞杖者。釋迦一化並無。末代往往見有。故是法滅之相。大集經云。若道俗等，打破戒無戒比丘，罪重出萬億佛身血。何以故，以能示人出要道，乃至涅槃故。

發隱食師子者，內身之蟲耳。佛法立而群魔消，則群魔不能破佛法。破佛法者，內教之人耳。

興言至此・可不悲哉。**義疏發隱**內衆有過・依內法治問。乃向白衣外人說罪・令彼王法治罰。鄙辱清化。故名破法・乖護法之心・故制。僧內俗外・僧有過・依僧法罰治責問。不宜用外刑辱內衆也。唐書顯慶元年五月・勅天下僧尼有犯法者・以僧律治之・不得與民同科。王官護法如此・而僧反破法可乎。

若受佛戒者・應護佛戒。如念一子・如事父母・不可毀破。而菩薩聞外道惡人・以惡言謗破佛戒之聲・如三百矛刺心・千刀萬杖打拍其身・等無有異。寧自入地獄・經於百劫・而不一聞惡人以惡言謗破佛戒之聲・而況自破佛戒・ 二明應護法

合註如念一子・喻愛之極。如事父母・喻敬之極。又念子卽慈悲心・事親卽孝順心也。**發隱**云破佛戒者・一者已受佛戒而不護法・是名破佛戒・二者僧受佛戒而我辱之・是名破佛戒。

教人破法因緣・亦無孝順之心・若故作者・犯輕垢罪。 三舉非結過

發隱云何專以教人破法結罪。以此戒是令彼王臣治辱僧・故不知護法而反破法・忤逆三寶・孝順安在・故得罪也。問有惡僧為顯・諫之則不從・默擯之則不喻・干世綱常・冒國憲典・不可以內法治者・則如之何。答此在權其事宜・不可執一。執於護法・反至滅法者有矣。況文中

橫與比丘比丘尼等橫之一字明無辜也。

◉結罪重輕

此戒備五緣成罪。

一是佛弟子　謂大小乘七衆不犯邊罪不捨戒者。

二佛弟子想　六句二重四輕。

雖非佛弟子。亦不應作繫縛事故。但其事稍稀。故不特制。或復攝入瞋損戒中。

三有治罰心　欲令前人受辱正是業主。

四所對人　謂國王百官等。

同有戒者。故僅結輕。若向未受戒者治罰。自屬第六重戒。

五正行治罰　隨事結過

◉善識開遮

惡濁世中護持正法比丘得藉王大臣力兵杖自衞如大涅槃所明。然不得非法治罰他人。

◉異熟果報

作則有破壞法門損辱僧侶之罪。不作則令衆僧增益安樂。

如是九戒。應當學敬心奉持。三總結第五段

(己)三總結

諸佛子。是四十八輕戒。汝等受持。過去諸菩薩已誦。未來諸菩薩當誦。現在諸菩薩今誦。

合註此總結四十八輕戒也。第二列重輕戒相大科竟。發隱明受戒者必把秉於胸懷而不散亂。執持乎志念而不失忘也。義疏舉三世菩薩誦為勸

(丁)三勸大衆奉行分五。初舉所誦法。二囑流通人。三明流通益。四重勸奉行。五時衆歡喜。

(戊)初舉所誦法

諸佛子聽。十重四十八輕戒。三世諸佛已誦當誦今誦。我今亦如是誦。

(戊)二囑流通人

汝等一切大衆。若國王。王子。百官。比丘。比丘尼。信男。信女。受持菩薩戒者。應受持讀誦解說書寫佛性常住戒卷。流通三世一切衆生。化化不絕。

合註前勸受中。備列婬男。婬女。黃門。鬼畜等。今但言信男信女者。正顯既受得戒。皆名第一

清淨也。佛性常住戒卷者，此戒卷在世，則佛性因緣之義不滅。【發隱】由現在，故知過未。然起舍那而千佛，而百億而菩薩，而衆生化復傳化，展轉相因，理應無盡。

(戊)三明流通益

得見千佛，爲千佛授手。世世不墮惡道八難，常生人道天中。

【合註】略舉三益：一見聖，二離苦，三得樂。義疏云：授手者，明秉戒人與佛相鄰次不遠也。世世不墮，常生人天，所離所得，豈止於此。且舉凡情所欣厭，以之爲勸耳。（發隱）此心地戒，卻惡之前陣也。世世爲之護持，焉得墮惡道八難。此心地戒，運善之初章也。世世爲之引導，焉得不生人道天中。曰離曰得，姑順凡情。極而言之，究盡所離，則離三塗，離六道，離二乘，離權位菩薩。究盡所得，則得人，得天，得羅漢，得菩薩，得如來。如是乃至離無所離，得無所得。故云豈止。但以凡情淺近，未解深聞，俯就曲成，且隨欣厭云爾。本來心地，了無苦樂之相，又何所容其離與得哉。

(戊)四重勸奉行

我今在此樹下，略開七佛法戒。汝等大衆，當一心學波羅提木叉，歡喜奉行。如無相天王品勸學中一一廣明。

【發隱】略開具二義：一者能說之人不止七佛，所謂三世諸佛所同說也。二者所說之戒非止十重四十八輕，所謂如毛頭許者是也。

(戊)五時衆歡喜

三千學士時坐聽者。聞佛自誦。心心頂戴。歡喜受持。

合註三千謂三千世界中同秉菩薩戒者。以上大科第二正示法門分竟。

(乙)三流通益世分分二。初結示。二偈讚。(丙)初結示分四。初偏結說心地品。二略舉總十處說。三明所說之法。四明大衆奉行。

(丁)初偏結說心地品

爾時釋迦牟尼佛。說上蓮華臺藏世界。盧舍那佛所說心地法門品中。十無盡戒法品竟。千百億釋迦亦如是說。

合註是中先結此釋迦說竟。次結餘釋迦說竟也。發隱舉十重不舉四十八者。此十戒義含無盡。舉十則一切戒悉皆攝盡。況四十八耶。

(丁)二略舉總十處說

從摩醯首羅天王宮。至此道樹下。十住處說法品。爲一切菩薩不可說大衆。受持讀誦解說。其義亦如是。千百億世界。蓮華藏世界。微塵世界。

合註是中亦先結此釋迦十處說法竟。次結餘釋迦十處說法竟也。微塵世界下闕亦如是說四字。

（丁）三明所說之法

一切佛心藏。地藏。戒藏。無量行願藏。因果佛性常住藏。如是一切佛。說無量一切法藏竟。

合註前五句為別。後一句為總。就五別中。又各具通別二義。心藏者。通則一切諸法。皆屬於心。別則指三十心。地藏者。通則一切諸法。皆名為地。別則指於十地。戒藏者。通則一切諸法。皆名為戒。別指十重衆輕。無量行願藏者。通亦收一切法。別指六度萬行十大願王等。因果佛性常住藏者。佛性非因非果。而因果不離佛性。故曰大乘因者。諸法實相。大乘果者。亦諸法實相。實相即佛性異名。今因亦佛性。果亦佛性。佛性常住。則因果亦皆常住。通則一切諸法。皆名因果佛性常住之藏。別則如佛性本源品等。**發隱**一切佛者。如下所列諸藏。十方三世一切如來之所同有也。一心藏者。本覺心體。含裹虛空。包羅法界。一切萬法。悉備其中。如寶藏然。故云藏也。二地藏者。心體平等不二。名地。而出生一切諸善功德。故云藏也。三戒藏者。心體離過絕非。名戒。而止持作犯。纖悉具足。故云藏也。四行願藏者。心體發之為善事。曰行。存之為善念。曰願。而無量行門。如大海不可窮。無量願門。如虛空不可盡。故云藏也。五因果藏者。心體始之所修曰因。終之所證曰果。而因該果海。因地無邊。果徹因源。果海無限。故云藏也。六佛性常住者。心體不生不滅。無去無來。天眞佛性。湛然常住。而自性該凡聖。彌古今廣大周徧不可測量故云藏也一曰心二曰地三曰戒正明此戒是心地戒也而大行大願由此戒生正因正果由此戒得常住佛性由此戒證大哉戒也斯其至矣承上文如是無量無邊一切諸佛說無量無邊一切法藏蓋不止六種而已

（丁）四明大衆奉行

千百億世界中一切衆生受持歡喜奉行若廣開心地相相如佛華光王七行品中說

合註相相者心地無相具一切相重重無盡總別難思

（丙）二偈讚分三初讚持法益二序學法事三發度生願

（丁）初讚持法益

明人忍慧強能持如是法未成佛道間安獲五種利一者十方佛憫念常守護二者命終時正見心歡喜三者生生處爲諸菩薩友四者功德聚戒度悉成就五者今後世性戒福慧滿此是諸佛子

合註明人者能知如來祕密之藏雖是肉眼名爲佛眼也忍是安忍即指定力謂有慧無忍是名狂慧有忍無慧是名愚定又二乘定多慧少不見佛性權位菩薩慧多定少雖見佛性

而不了了。故須忍慧俱强。方爲明人。方能持如是法也。諸佛護念者。一切諸佛。皆從此法出。猶如佛母。故持之者。與佛氣分交接。又不持此法。則斷佛種性。能持此法。則續佛慧命。故諸佛常自憫念。守護持法人也。命終時正見歡喜者。已具佛眼。則假使鐵輪頂上旋。定慧圓明終不失也。生生爲菩薩友者。位同大覺。眞是佛子。一切菩薩。皆我同學也。功德戒度悉成就者。戒爲一切功德之聚。如地悉能生養萬物。今常作如是信。戒品已具足。戒品既具。則一切功德聚。悉具足成就也。性戒福慧滿者。達此性戒。則全性起修。全修在性。全性起修。故福由慧滿。全修顯性。故慧由福滿。又性戒卽正因理體。當法身德。持性之戒。卽緣因福善。當解脫德。悟戒之性。卽了因智慧。當般若德。今後世滿者。從觀行滿。乃至究竟滿也。獲此五利。眞是佛子。當紹佛位。故云此是諸佛子。（發隱）一。諸佛護持利。此戒是一切諸佛之心地也。衆生持戒則佛法興。衆生毀戒則佛法滅。持戒之人。佛豈不以慈悲憫念。威神加護。令彼所作。畢竟成辦。二。臨終歡喜利。毀戒之人。死墮惡道。心生怖懼。持戒而終。正見炳然。自知死已必生佛前。豈不歡喜。三。伴侶菩薩利。此戒一切菩薩所持。持戒者卽菩薩儔類也。生生世世。在在處處。豈不與觀音普賢共住。於菩提中同爲眷屬。四。衆善成就利。戒爲諸善功德之本。持戒則一切功德集聚不遺。如功德有無量波羅密門。試舉其一。持戒度毀犯。如是戒度今已成就。餘度成就可例知矣。五。福慧雙修利。心地之戒卽佛性也。佛性本體離過絕非。故名性戒。此性戒中福慧皆具。由性善故萬行齊修。由性靈故萬法俱朗。曰福慧滿也。

（丁）二序學法事分二。初觀察法體。二護持戒相。

（戊）初觀察法體

智者善思量。計我著相者·不能生是法。滅壽取證者·亦非下種處。欲長菩提苗·光明照世間。應當靜觀察·諸法眞實相。不生亦不滅。不常復不斷。不一亦不異。不來亦不去。如是一心中·方便勤莊嚴。菩薩所應作·應當次第學。於學於無學·勿生分別想。是名第一道·亦名摩訶衍·一切戲論惡·悉從是處滅·諸佛薩婆若·悉由是處出。

【合註】心地法門·十無盡戒·皆如理而證·稱性而修·所謂中道了義·無戲論法·凡夫著有·二乘證空·皆背眞因·故非種子·應當靜觀察者·靜是止之異名·察即觀之審細·止觀不二·方是眞修·諸法眞實相者·諸法即十界十如權實之法·觀相元妄·無可指陳·則幻惑非眞·虛假不實·觀性元眞·本如來藏·則無相不相·名眞實相·淸淨本然·故不生·循業發現·故不滅·又循業發現·故生即不生·淸淨本然·故滅亦不滅·不變隨緣·故不常·隨緣不變·故不斷·理隨於事·故不一·事隨於理·故不異·迷無所從·故不來·悟無所滅·故不去·(發隱)是法·即此戒法也·以此戒是衆生本源心地·而此心地不屬有無·計我身而著於幻相·執有者也·滅壽命而取證寂滅·執無者也·斯皆焦芽敗種·妙善戒法何由而生·故令智者善思之也·智者即前明人·善思有二·一者正思·二者審思·起眞正慧·復諦審觀·知前妄計皆非菩提種子·誡欲滋長道苗·使光明煥發·照耀無方·則不須向外馳求·惟在靜觀諸法眞實不虛常住之相·言靜觀者·探珠宜浪靜·取水難動也·言實相者·生滅斷常等相·皆幻妄不眞·虛假不實者也·此眞實相本來無物·不生也·不生則滅·而亦了了常知·不滅也·刹那無住·不常也·不常則斷·而復萬古恆如·不斷也·類殊難合·不一也·不一則

異・而又同體離分・不異也。迎之莫知其所自至・不來也。不來則去・而亦追之莫知其所向往・不去也。如是諸法・卽是一心。如是一心卽三十心十地及重輕諸戒之體性也。悟此體性・然後方便勤莊嚴之。一心是正因理性。靜觀是了因慧性。方便是緣因善性也。又觀察及持戒・皆名方便莊嚴。觀察卽理方便名爲智慧莊嚴。持戒卽事方便・名爲功德莊嚴。又戒品具足・全由深信於理。而心地增進・全由精修於事。故曰由戒淨故慧淨・由慧淨故戒淨。如兩手互洗・決無前後。又勤方便而不靜觀察・則有爲有漏・無所莊嚴。靜觀察而不勤方便・則枯槁空寂・無能莊嚴。故須於一心中方便莊嚴。此是菩薩所應作事・應當次第學之。勿謂此是學事・墮在第二門頭。不知稱性之修・學卽無學。於無學道中・而熾然習學。雖云次第・直如空中鳥迹・不同漸次法門。還與極圓極頓之理・毫無分別・故誡令勿生分別想也。(發隱)如是一心・至玄至妙・不可思議。當以巧慧方便而莊嚴之。此莊嚴是菩薩所應作。次第而學固其宜矣・而學無學莫作分別・所以者何。以學言・萬行紛然・一念叵得・實相心地毫無增故。以無學言・一念不生・全體具足・實相心地毫無欠故。此心地中但無生滅斷常一切諸相・卽是莊嚴・卽是學。無作妙修・全同理性・名第一道。無學妙性・起於眞修・名摩訶衍。摩訶衍・此翻大乘。謂運載自他同入大涅槃城也。以是第一道・故能滅凡外二乘種種戲論。以是摩訶衍・故能出諸佛薩婆若果。薩婆若・此翻一切智。智乃一心三智・究竟極果之總名也。由第一道・堪運摩訶衍乘。由摩訶衍・堪到薩婆若地。由薩婆若・妙合無戲論理。梵網・心地・果徹・因該・理趣・至此極矣。(發隱)學無學縱欲別之・亦無可別。無分別處・中道宛然・是名第一道。縱有分別卽工義故。亦名摩訶衍。縱有分別卽二乘故。又此實相心地如大火聚。世間所謂執有執無・計彼計我・萬類千家諸戲論薪，至於此中消滅無餘故。又此實相心地如大滄海。如來所以智慧辯才，神通三昧，一切種智，功德法財，皆於此中出生無盡故。至是則由菩提苗，結菩提果。智光慧燄，普照何窮，三世古今十方世界一切衆生，莫不如盲得視，如闇得燈，故曰光明照世間也。非大明人，曷能善思心地之中如是妙義。

是故諸佛子，宜發大勇猛，於諸佛淨戒，護持如明珠。過去諸菩薩，已於是中學。未來者當學，現在者今學。此是佛行處，聖主所稱歎。

（戊）二護持戒相

【合註】欲歸一心實相，須修心地法門。欲修心地法門，須持諸佛淨戒。故結勸護持戒相，以爲入道進修之本也。護持如明珠者，發隱云：一潔淨義，護持弗使染汚。二圓滿義，護持弗使殘缺。三光明義，護持弗使昏暗。今更爲之釋成：潔淨是解脫德，圓滿是法身德，光明是般若德。然明淨圓滿，皆是珠之相德耳。於相德中，宛具三義，若復廣爲表彰，則明珠體是無上至寶，相乃圓滿明淨，用能雨物濟貧。體爲法身，相爲般若，用爲解脫，以配三聚妙戒法喻，洽然是以三世諸菩薩所學，即是佛所行處，因果同符，安得不爲聖主所稱歎哉。聖主即聖中之聖也。【發隱】承上由此實相心地而出淨戒，故不可不持。而戒品難持易失，故持之不可不勇猛也。

（丁）三發度生願

我已隨順說。福德無量聚。迴以施衆生。共向一切智。願聞是法者。悉得成佛道。

合註諸佛自誦此戒。我今亦誦。名之曰隨。諸佛半月半月如法而說。我今亦如法說。名之曰順。如此隨順而說。則福聚自然無量。而不以自私。故皆迴施衆生。又不令衆生墮在二乘三有。故共向一切智。又願聞是法者。一歷耳根。永爲道種。聞已能思。思已能修。悉成佛道。蓋本由發菩提心。方受此戒。今誦此戒。仍迴向菩提也。迴施衆生。卽下化之心。名之爲悲。向一切智。悉成佛道。卽上求之心。名之爲智。由上求故。方能下化。由下化故。方名上求。悲智雙運。名菩提心。由達心佛衆生三無差別。如心佛亦爾。故須上求。如佛衆生然。故須下化。由發此上求下化之心。故受得菩薩大戒。由持此菩薩大戒。故能滿悲智兩輪。古人所謂發僧那於始心。終大悲以赴難。可謂從名字菩提而直趨究竟菩提者矣。此偈讚共十四行。義疏之所不釋。或云是誦戒既畢。結撮施願之偈。今詳文義。似雖單結戒法。亦可通結上品。以十重四十八輕戒。卽能歷心地位次之法。而三十心十地。卽持戒人從因至果所歷之位。故也。亦如大佛頂經三漸次。爲能歷。五十五位。爲所歷。能所合稱。卽名六十聖位。今以能從所。則戒卽心地。以所從能。則心地卽戒。通結何疑。

梵網經菩薩戒本彙解下篇

◉性遮七衆大小表記 謂性遮二業。七衆料簡。大小同異。

「性業」者雖不受佛戒。然世間法法爾有罪。蓋不待佛制。而自性是惡故。「遮業」者佛制之所遮。止犯者得破戒罪故。

「七衆」者一比丘衆。二比丘尼衆。三式叉摩那衆。四沙彌衆。五沙彌尼衆。六優婆塞衆。七優婆夷衆。前五是出家弟子。後二是在家弟子也。

「大」者大乘七衆。「小」者聲聞七衆也。

合註釋性遮二業云。未受戒者只得一罪。已受戒者反得二罪。受戒毋乃招罪之途有損無益。答。受佛戒即入佛位。皆名第一清淨功德。豈可思議。惟其持者功德力大。所以破者罪業倍深。功德力大必宜秉受。罪業倍深必宜莫犯也。

案五戒相經靈峯箋要云。凡論失戒須破根本四重。至如殺非人畜生等。性罪雖重。而於違無作罪猶為稍輕。所云可悔。乃是悔除違無作罪。免墮三途。非謂并除性罪也。如殺一命者必償一命。故殺者固當故償。誤殺者亦當誤償。縱全不受戒者亦必有罪。佛制殺戒。受持不犯。便可永斷輪迴。設復偶犯。至心懺悔。永不復造。亦可免墮三途。故名可悔耳。設不念佛求生淨土。何由永脫酬償之苦哉。△又云。破戒之罪雖由取相懺滅不墮三途。然其世間性罪仍在。故至因緣會遇之時。

乃須酬償宿債除入涅槃或生西方乃能脫之不受報耳可不戒乎△弘一律主云歸戒功德經論廣讚汎言果報局在人天故須勤修淨行期生彌陀淨土宋靈芝元照律師云一者入道須有始二者期心必有終言有始者卽須受戒專志奉持令於一切時中對諸塵境常憶受體著衣吃飯行住坐臥語默動靜不可暫忘也言有終者謂歸心淨土決誓往生也以五濁惡世末法之時惑業深纏慣習難斷自無道力何由修證故釋迦出世五十餘年說無量法應可度者皆悉已度其未度者皆亦作得度因緣因緣雖多難爲造入唯淨土法門是修行徑路故諸經論偏讚淨土佛法滅盡唯無量壽經百年在世十方勸讚信不徒然

戒名	性遮二業	七衆料簡	大小同異
一殺戒	不受戒人但得性罪已受戒者兼得性遮二罪	七衆同制	大小乘不全同同者同不得殺異者大士見機得殺如開遮所明又大士害二師成逆聲聞但結重罪大士殺天犯重聲聞非重大士殺四趣如前料簡聲聞殺鬼神與殺天同殺旁生又略輕大士捨身不失戒結罪如前說聲聞捨身戒亦隨盡不復結罪

二 盜戒	三 婬戒
具性遮二業。以侵他依報・奪他外命・令他憂苦・國法亦治罪故。	舊云非性唯遮。言正婬可爾。若邪婬事・亦具性遮二業。若在家菩薩・受八關齋一日一夜・斷於正婬・可云唯遮業耳。
仝右	出家五衆・全斷婬欲。在家二衆・唯制邪婬。就己妻妾・復制非時非處。又月六齋日・年三齋月等。若受八關戒時。無復邪正・一切俱制。犯者・皆結重罪。
大小乘不全共同。同者同不得盜。異者大士見機得盜・如開遮所明。舊云。聲聞於佛滅後・盜佛物輕。菩薩恆重。今據僧祇律中・寺主用塔物供僧・直五錢・即結重。況自用耶。又畢陵伽婆蹉・於賊舟上取檀越二子・還其父母。以無盜心・不名犯戒。亦是見機得作之意・未必一向與大乘異也。	大小乘略不同。小乘夢中失精不犯・或云但自責心。大乘若夢行婬・寤應生悔・訶責煩惱・倍於聲聞也。

四 妄語戒	具性遮二業	七衆同制	大小乘俱制
五 酤酒戒	此唯遮業。以國法所不禁故。然是惡律儀所攝。雖不受戒人作此業者・亦招苦報。故特爲大士設此厲禁。	仝右	大小乘不全同。小乘作酒・止結不應。酤者同於販賣大乘作時結方便罪・酤犯重也。
六 說四衆過戒	具性遮二業	仝右	大小異。小乘說第一篇・犯第二。說第二篇・犯第三。說第三篇以下・悉犯第七聚。大士宜掩惡揚善・故說重同重・說輕同輕。
七 自讚毀他戒	仝右	仝右	大小異・大士利安爲本・故重。小乘自讚犯第七聚・毀他犯第三篇。不合結也。
八 慳惜加毀戒	仝右	仝右	大小異大乘不揀親疏・求者皆施・不與加毀悉犯。以本誓

			衆物故。小乘唯弟子不敎法。犯第七聚。不與財、不制加毀隨事各結。不合爲重。
九　瞋心不受悔戒	仝右	仝右	大士接取衆生爲務。以乖化他之道。故重。小乘自利。瞋他犯第七聚。
十　謗三寶戒	仝右。邪見爲本。復加口過也。	仝右	大小異。大士化人爲任。故重小乘說殺無果報。婬不障道。世界有邊無邊等。均名惡見。語語犯第七聚。三諫不捨。結第三篇。更或不捨。作惡見不捨舉羯磨。雖非滅擯。而治法最嚴。冀令永捨惡見故。然終不結重也。

以上十重戒　以下四十八輕戒

戒名	性遮二業	七衆料簡	大小同異
一 不敬師友戒	具性遮二業	七衆同制	大小共
二 飲酒戒	遮業	仝右	大小乘俱制
三 食肉戒	仝右	仝右	大小不全共。小乘初聽三種淨肉。一不見殺、二不聞殺、三不疑爲己殺又有九種十種不淨肉等禁食、餘非所制。大士懷慈一切悉斷、又知水有蟲、或疑有蟲、不看不漉、輒飲輒用、大小俱制。又蠶綿大小俱制。大乘爲衆生故、得畜憍奢耶等、而非自用。獸毛小乘不制、大乘亦無特制。而佛頂經中亦兼及之、不用彌善。

戒名	性遮	七衆	大小
四 食五辛戒	仝右。臭穢妨於淨法。故制。	仝右	大小共。大乘防過義深。較小乘略重。
五 不教悔罪戒	遮業	七衆不全同。比丘應舉七衆罪。比丘尼得舉六衆罪。不得舉比丘罪。若與比丘親里知識。私相勸諫。無罪。式叉摩那得舉五衆罪。不得舉比丘比丘尼罪。沙彌得舉四衆罪。不得舉上三衆罪。沙彌尼得舉三衆罪。不得舉上四衆罪。在家二衆得舉自類罪。不得舉出家五衆罪。若親厚知識。私相勸諫。皆悉無罪。又在家二衆。無同利養事。唯有不舉。及同布薩二過。	大小乘俱制

戒	性遮	七衆	大小
六 不供給請法戒	仝右。喪資神之益。故制。	七衆同制	大小不全共。小乘未滿五夏。未諳律藏。見有持律人來。應請。餘非所制。大乘求法無厭。一切應請。
七 不往聽法戒	遮業	仝右	大小略異。如前說。
八 心背大乘戒	具性遮二業。計二乘。唯遮業。計外道。兼性業。以是邪見故。	仝右	大小不全共。小是本習。故非犯。計外得責心罪。發心欲往。步步結應懺罪。聞外道說法。不入其心。悔還。尚許懺除。共住。若片語入心。奉行其法。乃至拔一髮等。失比丘戒。成重難。現身不復許入僧數。
九 不看病戒	遮業	仝右	大小不全共。小乘唯師友同法共房。及僧尼須看。此外不制。大士弘誓兼物。一切應看。

戒	性遮	七衆	大小
一〇畜殺具戒	具性遮二業	仝右、鬪戰具、舊開國王王子。餘殺生器、道俗皆制。	大小共
一一國使戒	仝右。正制爲利養、故作此相害因緣。	七衆同制	大小俱制
一二販賣戒	性遮二業	七衆不全同。在家畜耕牛等非犯。然據善生經、須先作淨施、然後受戒。否則得失意罪。	仝右
一三謗毀戒	仝右	七衆同制	大小共
一四放火焚燒戒	遮業	仝右	仝右
一五僻敎戒	敎以外道、性遮二業。敎以二乘、唯是遮業。	仝右	大小不全共。同者、同不得敎以外道。異者、小乘本習小、非犯。
一六爲利倒說戒	遮業	仝右	大小共。小乘依小法敎人、亦不得隱沒義理。

戒	性遮	七衆	大小
一七 恃勢乞求戒	具性遮二業。盜戒之等流故。	仝右	大小俱制
一八 無解作師戒	遮業	舊云。比丘比丘尼犯。餘五衆無作師事・制。今按善生經中・在家菩薩亦得畜在家弟子・似亦同制。然在家雖畜弟子・無授戒事・故云不犯耳。	大小乘俱制（註一見後）
一九 兩舌戒	具性遮二業	七衆同制	大小共
二〇 不行放救戒	遮業	仝右	大小不全共。小乘不救眷屬有罪・餘非所制。大士弘慈・一切悉救。
二一 瞋打報讎戒	具性遮二業。既傷慈忍・復結來怨故。	仝右	大小俱制
二二 憍慢不請法戒	仝右。慢如高山・法水不住。失傳化之益・乖參學之方。	仝右	大小不全共。小乘於應請者・而憍慢不請・則犯。餘唯不得

			懈慢。不制悉請。大乘求法爲務。一切應請。一切不應懈慢。
二三 懈慢僻說戒	仝右。乖接引教訓之道。	仝右。皆得說法故。	大小乘共。小乘亦不許僻說故。
二四 不習學佛戒	一向習小。唯是遮業。一向習外。性遮二業。	仝右。各有所急。比丘先習此經。及二部律。尼先此經。及尼具戒。式叉先習此經。及二六法。沙彌男女先習此經。及十戒威儀。在家先習此經。及優婆塞戒。餘力方許偏習。	大小不全共。同者。同以本法爲急。亦同不得習外。異者。大不學毘尼犯。小不學此經非犯。
二五 不善知衆戒	遮業	比丘比丘尼全犯。餘五衆未知僧事。不犯。設充職事。亦犯。	大小俱制
二六 獨受利養戒	具性遮二業。以僧次請僧時。凡在界內者。皆應有利養分。而今不差客僧。乖施主心。貪利獨受。是盜戒之等流。	比丘比丘尼全犯。餘五衆未知僧事。不犯。或有時受差分食。若偏厚偏薄。偏有偏無。皆犯輕垢。善生經云。僧中付食。	大小乘俱制

戒名	性遮	七衆	大小
		若偏爲師選擇美好過分與者、是優婆塞得失意罪	
二七受別請戒	遮業。令施主失平等心、十方僧失常利施、故制。	出家五衆同犯。在家無受利養事。善生經云、若優婆塞受招提僧臥具牀座、得失意罪。亦應此戒兼制。	大小不同制。小乘遮別衆食。若四人中有一人是僧次者、不犯。不遮別受請。
二八別請僧戒	仝右。分別是田非田、其心狹劣不順平等法門故。	七衆同制	大小共
二九邪命戒	具性遮二業。然唯販色毒藥三事、兼有性罪。餘但遮罪。又今時養鷹、多爲捕獵。此亦性罪、或屬損害衆生戒攝。	出家五衆全犯。在家除販色調鷹毒藥三種。其餘如法自活不犯。	大小俱制
三〇經理白衣戒	遮業	出家五衆全犯。一切時中、不得經理白衣也。在家二衆、已受菩薩戒、不敬好時、亦犯。善	仝右

戒	性遮	七衆	大小
		生經云。若優婆塞一月之中。不能六日受持八戒。供養三寶。得失意罪也。餘時如俗法嫁娶等不制。若殺生劫盜破齋犯戒。自隨事別結。	
三二 不行救贖戒	仝右	七衆同制	大小不全共。小乘不贖父母得罪。餘不見制。大士弘護爲任。一切應贖。
三三 損害衆生戒	具性遮二業	仝右。善生經云。若優婆塞爲於身命若作市易斗秤賣物。一說價已。不得前卻。捨賤趣貴。斗秤量物。任前平用。如其不平。應語令平。若不如是。得失意罪。(解曰)在家尚爾。況出家乎。	大小俱制

戒	性遮	七衆	大小
三三 邪業覺觀戒	盜賊使命・性遮二業。餘惟遮罪	出家五衆全犯在家供養三寶・得作伎樂。出家不得自作・亦聽使白衣作。又投壺本於禮記・蓍龜本於易書・在家亦應無犯	仝右
三四 暫離菩提心戒	起二乘心・惟是遮業。起外道心・性遮二業。	七衆同制	大小不全共。同不得起外道心。二乘是其本習。
三五 不發願戒	遮業	仝右	大小異。小乘若不願速出生死・希求人天後有相續・亦犯責心罪。
三六 不發誓戒	仝右。爲防退心。	出家五衆全犯。在家無受供事・但有六根度生之誓。	大小不全共。同者同前四誓。律及阿含皆廣明之・異者小乘不制第五度生誓也。
三七 冒難遊行戒	仝右。正制冒難遊行・兼制備十八物・如法誦戒。蓋冒難遊	七衆同制。善生經云。若優婆塞・險難之處・無伴獨行・得失	大小不全共同者同不得冒難遊行異者大士制十八物・

戒	性遮	七衆	大小
	行、恐致夭逝、在危生念、所喪事重。大士雖宜爲法忘身、豈應不愼招損、譬諸儒者、雖有殺身成仁之事、亦云知命者不立巖牆下也。	意罪準此、則設有事緣、多件同往、非犯。又云優婆塞若犯國制得失意罪。亦應此戒兼攝也。	聲聞惟制六物隨身。謂三衣、坐具、鉢、及濾囊、餘非所制。大士一人布薩、卽一人誦聲聞須有四人以上方差一人高坐而誦。若三人二人、卽相向布薩。若惟一人、卽心念布薩。具如律中未受具者不宜先知、故不委明。(註一一)
三八 乖尊卑次第戒	遮業	七衆同制	大小共
三九 不修福慧戒	仝右	仝右	大小不全共。聲聞夏安居時、應修房舍餘時不制。大士一切時中、應修福業。
四〇 揀擇受戒戒	仝右	比丘比丘尼全犯。餘五衆無授戒事、未制。	大小不全共。小乘先許後拒則犯、不許無犯大乘接化爲

			本・不授即犯，
四一為利作師戒	仝右。深壞法化故。	比丘比丘尼仝犯・餘五衆無授戒事。但令為利攝受徒衆・亦犯，	大小俱制。小乘師德如前說
四二為惡人說戒戒	仝右預向人說・則後受不能殷重。故半月說戒時・必先遣未受大戒者出也。	七衆同制	大小不全共。小乘一切時中・不得向沙彌等說五篇罪名。以彼若解五篇名義便成盜法重難故也。大乘惟半月誦戒時・須遣未受者出・餘時不論(註三)
四三故起犯戒心戒	具性遮二業。輕視戒律故。	仝右。而出家人為世福田・其責倍重，	大小俱制。小乘即所謂輕戒罪也。隨所犯罪・更加一輕戒罪。大乘亦應例此。又大士執心・嚴於聲聞也。若本無故毀心者・但隨事結本罪・不加此罪。若直起此心・未犯事者・小

			但責心大亦應懺。
四四 不供養經典戒	遮業	七衆同制	大小不全共。小乘不誦持毘尼・結罪。大乘應修五事又不供養三寶亦犯罪（註四）
四五 不化衆生戒	仝右。乖於弘誓故。	仝右	小乘無化他義不制
四六 說法不如法戒	遮業	仝右。以沙彌等亦許登高座・故。以白衣說一句一偈義・亦應如法故。又善生經云。僧若不聽說法讚歎・輒自作者・是優婆塞得失意罪。亦此兼制。	大小乘俱制
四七 非法制限戒	具性遮二業。障善法故。	在家二衆全犯。出家五衆・無自在權勢設能隨力非法制限・亦犯。	大小俱制
四八 破法戒	仝右。以毀辱法門故。	出家五衆同犯。在家二衆・若治罰佛之弟子・自屬前戒兼	大小乘俱制

制厥罪彌甚・具如地藏十輪經中廣訶。

（註一）義疏曰・大乘爲師・必是出家菩薩・具足五德。一持戒。二十臘。三解律藏。四通禪思。五慧藏窮玄。什師所傳・融師筆受。流傳至今・此其正說。次地持云・必須戒德嚴明・善解三藏・堪能發彼敬心・方可從受。不爾得罪也。四分律曰・五法不成就・不得授人具足戒・不得與人作依止師・不得畜沙彌。一戒。二定。三慧。四解脫。五解脫知見。又不能教人堅住此五。又成就五非法・不得授人具足戒・與依止・畜沙彌。一無信。二無慚。三無愧。四懶惰。五多忘。又五。破增上戒。破增上見。破增上威儀。少聞無智慧。又五。不瞻視病。不方便住處。不能破疑。不教捨惡見。減十歲。又五。不知犯・不犯・若輕若重・減十歲。又五。不知教授弟子增上威儀・增上淨行・增上波羅提木叉・白羯磨。又五。不知增戒・增心・增智慧。不知白。不知羯磨。一一反上者・得與人授具足戒・得與依止・得畜沙彌。僧祇律曰。十法成就・聽度人出家受具。一持戒。二多聞阿毘曇。三多聞毘尼。四學戒。五學定。六學慧。七能出罪・能使人出罪。八能看病・能使人看病。九弟子有難・能送脫難・能使人送。十滿十歲。是名十事・聽度人出家受具足。下至滿十歲・知二部律・亦得。受依止者亦爾。薩婆多律攝曰・滿足十夏・方住師位。復須成就五法。一知有犯。二知無犯。三知輕。四知重。五於別解脫經・廣能開解。於諸學處・創結隨開。若遇難緣・善知通塞。常誦戒本・能決他疑。戒見多聞・自他俱利。威儀行法・無有虧犯。具如是德・名親教師。繇其親能教出離法故。若雖近圓・於諸學處・不識重輕・設六十夏。仍須仗託明德。依止而住。若師小者。惟除禮足。自餘咸作。此即名為老小苾芻。不得與他出家。及受近圓也。智旭曰。傳法度生。乃名報佛恩德。此戒不是禁人作師。只是責人無解耳。堪嗟末世。顛倒多端。或駕言度生。謬為師範。不解而詐稱能解。門庭高設。我相熾然。或懶學律法。退不為師。或宗教自負。藐視律門。竪我慢幢。則訶毀戒學。貪收徒衆。則仍授戒名。昧心厚顏。莫此為甚。又或謬謂大乘融通。不須小律。詎知小不兼大。大必兼小。如河不納海。海必納河。若不大小並學。那名菩薩比丘。故今略引聲聞師德。用裨大士芳規。觀者幸勿厭其繁瑣。

(註二)然西域諸寺。大小異居。震旦國中。大小雜住。則布薩儀式。亦須略明。今共出六意。一通列九衆。二別論戒次。三明誦戒人。四明所誦法。五明所用界。六明廣略儀。一通列九衆者。若論半月誦戒通途軌式。則應男女各別。男以比丘為主。沙彌優婆塞隨聽。女以比丘尼為主。式叉摩那沙彌尼優婆夷隨聽。此則僧尼各有界限。不容混雜。若有他緣偶集。如比丘尼等來請教誡。優婆夷等來興供養。正遇誦菩薩戒。彼既曾受。亦可隨聽。則一切比丘坐竟。次比丘尼。比丘尼竟。次式叉摩那。次乃沙彌。次沙彌尼。次出家優婆塞優婆夷。次在家優婆塞優婆夷。出家者名近住。在家者名近事。此九衆位次。斷不容紊。又須男女有別。不起譏嫌也。二別論戒次者。即於九衆各自類中。復依受戒先後。次第而坐。然西域大小異居。大乘即依菩薩戒次而坐。小乘即依比丘戒次而坐。今大小雜居。則誦菩薩戒時。方依大乘戒次。誦比丘戒時。仍依僧臘。不得以大奪小。故釋籤云。菩薩在小乘衆。還依小乘戒次而坐。在大乘衆。則依大乘戒次而坐也。又其人先受比丘戒後受菩薩戒者。即用比丘戒臘爲菩薩戒臘。以受菩薩戒時。則比丘戒一切轉成無盡戒體故若其人先受菩薩戒。後受比丘戒者。於大乘中則依菩薩戒次。於小乘中仍依比丘戒次。不得以菩薩戒臘。作比丘戒臘。以菩薩戒。非關住持僧寶數故。故輔行云。若先小後大。則開小夏以成大夏。若先受大。後受律儀。在小則依小。在大則依大也。比丘尼衆。亦復如是。若沙彌沙彌尼等小乘。惟論生年。大乘須論菩薩戒次。近住近事。亦復如是。三明誦戒人者。若九衆俱現在前。必須菩薩比丘高座而誦。餘皆默聽。若無比丘。惟有八衆。必須菩薩比丘尼一人誦之。若無比丘比丘尼。惟下七衆。必須菩薩式叉摩那一人誦之。若併無式叉摩那。必須菩薩沙彌一人誦之。若更無沙彌。必須菩薩沙彌尼一人誦之。若更無沙彌尼。必須菩薩近住男誦。若近住男亦無。則菩薩近住女誦。若近住女亦無。則菩薩近事男誦。若近事男亦無。則菩薩近事女一人高座而誦。其餘菩薩近事女。下座默聽也。問。設有比丘而不能誦。尼反能誦。乃至有近事男而不能誦。女反能誦。則如之何。答。經云。若受菩薩戒。不誦此戒者。非菩薩。非佛種子。安得受戒而不能誦耶。問。初受戒人如何。答。既初受戒。未能誦戒。即不得遠離師友。問。設有因緣。不得與師友相近。如何。答。平時許展轉反從下衆學。熟至誦戒時。必須上衆登座。問。平時展轉從下衆學時。還得稱爲師否。答。前戒比丘。得稱後戒比丘爲阿闍梨。亦得一切事以師禮。唯除禮足。從沙彌學亦復如是。若從三女衆學。更須消息。令弗生譏嫌。若從近住近事學者。不得稱師。如佛世給孤長者。恆爲新學比丘授法。反禮比丘之足。即其例也。問。比丘不得禮白衣者。何故維摩經中•新學比丘禮居士足。答。此是古佛化現•爲欲浚發大敎•偶示彈斥•且入三昧令識宿命•豁然還得本心。故不得不破格禮足。非可援爲常例。又如蕭梁之時•有傳大士•乃是彌勒現身。亦非餘諸凡聖所得藉口。今但當以給孤爲式•是故白衣說法•此誠無過。亦非佛法衰兆。倘稱白衣爲師•則大成非法眞衰相矣。四明所誦法者。西域既大小異居•小惟誦比丘戒•大乃兼誦比丘菩薩二種戒法。先誦比丘戒時•菩薩沙彌•菩薩優婆塞等•俱不得聽。後誦菩薩戒時•則七衆俱應隨聽。今大小雜居•應作三種分別。一者此中若惟小乘•自依律法•不必更論。二者若惟大乘•或有比丘沙彌淨人同住者。比丘或四人•或過四人•先作白誦比丘戒竟。次喚沙彌淨人同聽誦菩薩戒。比丘若三人二人•先相向三說布薩竟。次喚沙彌淨人•同聽誦菩薩戒。比丘若惟一人•先自心念布薩竟。次喚沙彌淨人聽菩薩戒。若無比丘•惟有沙彌淨人同住•即自誦菩薩戒。此亦還如西域常式也。三者若有大小乘比丘沙彌淨人雜住•先遣沙彌等出•但與小乘比丘和合布薩。若四人以上•作白。若三人二人•相向說竟。次遣小乘比丘出•喚菩薩沙彌•菩薩淨人同聽誦菩薩戒。次喚小乘沙彌•爲說十戒。次喚小乘淨人•爲說五戒。然沙彌十戒•及優婆塞五戒•律無誦法。雲棲誦戒式中•乃先誦之。於理無違•於事有益。今準律中自恣之法•比丘比丘尼自恣竟•方喚小衆自恣。以此爲例•則於誦具戒畢•然後喚沙彌淨人•爲說十戒五戒•似更妥也。又所誦戒法•若依此經•則先誦十重四十八輕戒。若地持中別出菩薩戒本經一卷•正是半月誦戒之本。共列四重四十一輕戒相。其根本四重•及飲酒等•自屬具戒十戒五戒中攝•

故不重出。惟出菩薩增上律儀。實與此經互爲表裏。以彼四重。卽此經之後四重。故以彼四十一輕。但與此經開合次第稍殊。而開遮持犯之致更明析。故藏中先後共有六譯。惟識師所譯最善。故今輯在後集。半月半月似應誦此戒本。但必先作比丘布薩。次喚沙彌爲說十戒。次喚淨人爲說五戒。然後遣出未受菩薩戒者。而比丘沙彌淨人次第坐聽。彌爲確當。高明者幸酌行之。五明所用界者。菩薩比丘。仍用比丘法中所結大界。尼亦如是。沙彌隨屬比丘。無別界法。聽比丘誦。不得別誦。餘二女衆。屬比丘尼。亦復如是。在家二衆。若無事緣。宜至僧中聽誦。若有事緣。各於家中自誦。亦得。若至僧伽藍中。卽須隨僧聽誦。亦不得別誦也。設師是小乘比丘。沙彌弟子是菩薩者。師自行比丘事。弟子亦自盡其沙彌之職。至誦戒時。先聽其師爲說十戒。次離師見聞之處。自誦菩薩戒法。或有近處誦菩薩戒者。白師而往聽之。六明廣略儀者。比丘戒之廣略。具如律中。茲不復論。若但大乘衆者。無難卽須全誦比丘菩薩二種戒本。設有難緣。略說比丘戒。廣說菩薩戒。難事若迫。二俱略說。若大小雜居者。設有難緣。應廣說比丘戒。略說菩薩戒。難迫亦俱略說。若惟有菩薩沙彌淨人。則惟誦菩薩戒法。設遇難迫。或但說重戒。或但云。今十五日說戒。各各正身口意等。隨時斟酌。皆得。若無難緣。總不得略說也。

(註三)如前文云。一切時中。皆應講此經律。後文云。見一切衆生。應勸受三歸十戒等。故知不同毘尼藏也。又菩薩比丘比丘尼。一切時中。亦不得以五篇罪名。向未受具戒者說。而菩薩沙彌等。亦不得預知五篇名義。致成重難。永障此生受具戒也。

(註四)戒本經云。於一日一夜中。若佛在世。若佛塔廟。若法。若經卷。若菩薩修多羅藏。摩得勒伽藏。若比丘僧若十方世界大菩薩衆若不少多供養乃至一禮乃至不以一偈讚歎三寶功德乃至不能一念淨心若不恭敬懶惰懈怠是染污犯若忘誤非染污犯不犯者入淨心地菩薩如得不壞淨比丘常法供養一切三寶善生經云若得新穀果蓏菜茹不先奉獻三寶先自受者是優婆塞得失意罪若以殘食施於比丘比丘尼優婆塞優婆夷是優婆塞得失意罪。

◉觀心理解

案合註緣起云「夙有微因今復久誦半生淹浹自不無千慮之一得故於理觀事相一一指陳」如上戒律事相既已敷陳（事相門有六。即結罪重輕．性遮二業．七衆料簡．大小同異．善識開遮．異熟果報也。）今次當明觀心理解。自下懺悔行法之有事懺理懺修證差別與性惡法門之見理事兼敷圓融貫澈歎爲觀止。

〔十重戒〕

第一殺戒　凡夫外道執常執斷破害眞諦藏教析色觀空破害俗諦通教雖達無生終歸灰斷不知常住眞心是殺中諦別教仰信中道謂是迴出二邊修中觀時復殺二諦惟圓人了達一心三觀全體法界不動法界始從名字終於究竟皆不犯理殺也。

第二盜戒　未達性具法門心外取法取非其有故名爲盜凡夫盜有外道盜空二乘盜眞菩薩盜俗別教盜取中道惟圓人了達性偏性具不於心外別取一法不犯理盜。

第三婬戒　色界凡外耽著味禪無色凡外耽著空定二乘耽著涅槃寂滅菩薩耽著遊戲神

通。別教棄於二邊・耽著中道。惟圓人了達一心三觀・性修不二・理智一如・亡能所・絕對待・不犯理姪。

第四妄語戒　違如實理・有所言說・皆名妄語。凡夫說有・違於本空。外道說無・違於緣起。二乘說眞違俗。菩薩說俗違中。別教說中・雙違二諦。惟圓人了達法界・如理而說・名不妄語・亦名非無義語。

第五酤酒戒　有三毒酒。散亂酒。禪定酒。無知酒。無明酒。三毒散亂・迷醉欲界中人。禪定迷醉色無色界中人。無知迷醉二乘。無明迷醉菩薩。自醉結輕・招呼同伴結重也。

第六說四衆過戒　如大涅槃經云。佛禁無常。汝猶說者・卽破佛禁。又云。我等皆應善覆無常・說於常住。以此爲例・卽是隱惡揚善之義。若隱覆常住・說於無常・是說佛過・亦是說四衆過。

第七自讚毀他戒　菩提爲自・煩惱爲他。涅槃爲自・生死爲他。菩提是道諦。煩惱是集諦。涅槃是滅諦。生死是苦諦。若生滅四諦・卽具讚毀。無生四諦・卽無讚毀。若無量四諦・卽具讚毀。無作四諦・卽無讚毀。又二乘以眞爲自・以俗爲他。菩薩以俗爲自・以眞爲他。別教以中爲自・二諦爲他。皆具讚毀。圓無自他・故無讚毀。又對待妙・卽具讚毀。絕待妙・卽無讚毀。

第八慳惜加毀戒　秘眞妙法・名慳。令獲陋果・名毀。法華經云。若以小乘化・乃至於一人。我則墮慳貪・是事爲不可。

第九瞋心不受悔戒　凡外隔眞。二乘隔俗。出假隔中。但中隔於二諦。
第十謗三寶戒　凡外謗眞。二乘謗俗。出假謗中。但中謗於二諦。

〔四十八輕戒〕

第一不敬師友戒　外道不敬眞諦。二乘不敬俗諦。藏通不敬中諦。別教不敬二諦之友。
第二飲酒戒　如酤酒中說。
第三食肉戒　凡外食斷常穢肉。二乘食偏眞枯肉。菩薩食出假脂肉。別教食但中頑肉。
第四食五辛戒　見思辛。塵沙辛。無明辛。
第五不教悔罪戒　前人破於理戒。應教理懺。又觀心釋者。前念起惡爲罪。後念覺意觀察。名爲教悔。
第六不供給請法戒　觀慧不現前。名不供給請法。
第七不往聽法戒　不歷法觀心。即是不往聽法。
第八心背大乘戒　除一乘圓理。其餘皆名邪小。
第九不看病戒　衆生具有見思塵沙無明等病。不以四教法藥治之。名不看病。
第十畜殺具戒　前三教觀行。皆是殺理之具。
第十一國使戒　無明國。不可交通。煩惱軍。往來得罪。

第十二販賣戒　取果行因名販賣偏眞涅槃名死具。又不達性具之理。別圓積功累德。別求中道。皆名販賣。

第十三謗毀戒　亦如重戒中說。

第十四放火焚燒戒　放見思火。燒眞諦理智。放無明火。燒中道理智。

第十五僻教戒　除一乘妙法。皆名邪小。故曰自此以前。我等皆名邪見人也。

第十六爲利倒說戒　不知四悉。檀因緣。皆名倒說。

第十七恃勢乞求戒　二乘橫取眞。藏通菩薩橫取俗。別教橫取中。

第十八無解作師戒　未眞見諦。總名無解。

第十九兩舌戒　說有說無。爲兩舌。說眞說俗。爲兩舌。說邊說中。爲兩舌。

第二十不行放救戒　見外凡殺眞諦。二乘殺俗諦。權教殺中諦。而不放救。

第二十一瞋打報讎戒　見思塵沙無明爲讎。以空假中觀破之。爲瞋報。若了達煩惱卽菩提。則無瞋報。亦名以直報怨。

第二十二憍慢不請法戒　一切諸法中。悉有安樂性。不善用觀。橫於其中取一捨一。就所捨處。不能於中如實觀其法性。名憍慢不請。

第二十三憍慢僻說戒　有修有證。皆名憍慢。不知四悉因緣。皆名僻說。

第二十四不習學佛戒　同第八戒。

第二十五不善知衆戒　不能和融事理、不知善守法財。

第二十六獨受利養戒　不以大乘法普化一切、名獨受利養。

第二十七受別請戒　受入空請、是別於眞諦。受出假請、是別於俗諦。受但中請、是別於二諦。

第二十八別請僧戒　知對待妙不知絕待妙。輕藏通別教之法、而別尚圓教。是別請義。

第二十九邪命戒　不知性具、而取果行因、積功累德、名爲販賣。不達無作道滅、名爲作食。不證自心現量、名爲占相。不知開權顯實、名爲呪術。未達無功用道、名爲工巧。有所取攫、名爲調鷹。偏眞偏俗但中法門、名爲毒藥。

第三十經理白衣戒　於眞諦外別緣俗諦、名經理白衣。不知人命在呼吸間、名不敬好時。又不知十世古今不離當念、介爾一念橫偏竪窮、名不敬好時。

第三十一不行救贖戒　不知性具、名賣三寶。方便開示、令知性具、名爲救贖。

第三十二損害衆生戒　凡外損眞。二乘損俗。藏通損中。別損二諦。

第三十三邪業覺觀戒　除不思議妙觀、皆名邪覺。

第三十四暫離菩提心戒　除一乘、皆邪小、如前說。

第三十五不發願戒　未得行不退、容有間斷時。

第三十六不發誓戒　未證位不退。前四誓或有間時。未證行不退。第五誓或有間時。
第三十七冒難遊行戒　見思塵沙無明爲惡國。亦名賊。亦名水。亦名火。亦名師子毒蛇虎狼。
第三十八乖尊卑次第戒　十乘觀法不次第現前。名乖法次。
第三十九不修福慧戒　不知性具緣因。名不修福。不知性具了因。名不修慧。
第四十揀擇受戒戒　不歷三性徧修覺意三昧。是揀擇義。
第四十一爲利作師戒　二乘爲眞諦利。出假菩薩爲俗諦利。別向爲但中利。惟圓人了達法界。無利可爲。
第四十二爲惡人說戒戒　常住佛性。名爲眞戒。未悟圓宗。皆名惡人。應以餘法示教利喜。不應但讚一乘。反令衆生沒在苦。
第四十三故起犯戒心戒　起理外心。卽名犯戒。
第四十四不供養經典戒　一念不與眞淨大法相應。名不供養。
第四十五不化衆生戒　一心轉敎餘心。名化衆生。一念不與妙觀相應。名爲不化衆生。
第四十六說法不如法戒　坐法空座。乃名如法。
第四十七非法制限戒　不於一切法中顯出三寶體性。名非法制限。
第四十八破法戒　不如說修行。卽是破法因緣。又不知四悉檀因緣。卽是破法因緣。

●懺悔行法表記

懺法（前不兼後，後必具前）

- 事懺
  - 作法懺
    - 向一人悔過：非染汚犯及方便輕垢·但向一人悔過·罪便得滅。
    - 向三人悔過：染汚犯及方便重垢·須向三人悔過。或無衆僧·向三二人亦得。設總無淸淨大小乘衆堪向悔過·但殷重自誓終不復犯·罪亦得滅。若有人可向悔過·不得自誓滅也。
    - 向衆僧悔過：失戒重罪堪任更受者·須向衆僧悔過重受。失戒重罪不堪更受者·即須用取相懺法。
  - 取相懺：日夜六時誦重輕戒·苦到禮三世千佛·二七三七乃至一年·以見好相爲期。此須十科行道·備極精誠。仍復內資理觀·外假壇儀·凡法華方等大悲占察等一切行法·皆屬取相懺攝。能滅根本重罪·令淨戒復生。亦能滅七逆罪·使重報輕受·但不云使得戒耳。
- 理懺·無生懺（正滅理）
  - 析觀無生：謂觀此身六分所成·所謂地水火風空識。微細推求·實無有我·及以我所。
  - 體觀無生：謂觀此身如幻如化·如鏡中像夢中物等·當體不實彼六分法尙自不有·云何復有我及我所。
  - 次第無生

犯之罪。亦除七逆重愆。

謂雖知中道佛性。含靈本具。由迷強故。不能頓觀。先觀一切假名諸法從因緣生。無有實性。從假入空。得見眞諦。既見眞空。不住于空。從空出假。偏觀俗諦。二諦既明。遮照和融。方歸中道。

一心無生

謂了知中道佛性。徧一切法。如心佛亦爾。如佛衆生然。心佛及衆生。是三無差別。此心卽空假中。三諦既是天然性德。三觀亦非造作修爲。一心之中。法爾具足。如此觀智。全卽諦理。深達罪福相。徧照於十方。是名實相懺悔。以迷則全實相而爲罪相。悟則全罪相而卽實相故。

罪相

- 逆（一聚）
- 重
  - 失戒
    - 須見好相（二聚）
      此經云。若有犯十戒者。應敎懺悔。要見好相。便得滅罪。若無好相。雖懺無益也。
    - 堪任更受（三聚）
      羯磨文云。若諸菩薩毀棄淨戒。於現法中。堪任更受。又云。若上品纏。違犯他勝處法。失律儀戒。應當更受。
      （會通）次條不云須見相好。今會通其意。前條經文雖一往偏指十重。而理須獨歸前四。以善生經中無後四戒。地持經中無第五第六戒故。至於次條羯磨文。雖似獨指後四。而前六等流亦可例通。以殺盜等必有上中下之別。非可一槪論故。是以失戒重罪。須通途作此二類也。
  - 不失戒（四聚）
    如羯磨文云。非諸菩薩暫一現行他勝處法。便捨菩薩淨戒律儀也。
- 輕
  - 染污起或稱重垢（五聚）
  - 非染污起或稱輕垢（六聚）

今經總名輕垢。直對十重言之。實則輕戒之中。復有重輕差別。兼有方便等流之不同。

案蕅益大師有云「說罪而不觀心，猶能決罪之流，倘談理而不發露，決難淸罪之源。若必恥作法而不肯奉行，則是顧惜體面，隱忍覆藏，全未了知罪性本空，豈名慧日」。又云「世人正造罪時，實是大惡，不以爲恥，向人發露善中之善，反以爲羞，甘於惡而苦於善，遂成惡中之惡，永無出期，顚倒愚癡，莫此爲甚」。準是以觀，宜依律制，向僧衆前發露罪乃可滅，豈可妄談實相，輕視作法。若作法懺，玄奘三藏譯瑜伽菩薩戒本後詳之。若取相懺，當依合註附刊之梵網懺悔行法。大師曰「經云若有犯十戒者，應教懺悔，在佛菩薩形像前，日夜六時，誦十重四十八輕戒，苦到禮三世千佛，若一七日，二三七日，乃至一年，要見好相，便得滅罪，此金口明訓也。故知法華方等大悲占察等種種行法，雖各有滅罪得戒功能，而於犯十戒者，仍須別依梵網行法，方使標心不泛。所謂如從地倒，還從地起。又此經所明，千里無師，像前自受。但云當以七日，佛前懺悔，得見好相，便得戒。若不得好相，應二七三七，乃至一年，要得好相。（見第二十三憍慢僻說戒）而不云苦到禮三世千佛，蓋大意與瓔珞地持之自誓受戒同耳。故向年已曾述學戒法。今則特爲受菩薩戒之後犯十重者，別明懺儀，俾依三世諸佛出罪。既見好相，則戒體完復，雖於比丘法中不任僧用，而或爲菩薩沙彌，或爲菩薩優婆塞，可無慚德，且密默進道，直證無生，亦非分外事矣。其或八戒五戒及沙彌戒，破根本者，依此懺法，見好相已，既得菩薩大戒，亦仍可許進比丘戒。若小乘比丘破根本者，依此懺悔，見好相已，密達無生，或仍可附與學之科。縱令障深，未成感應，而

永斷相續，懇惻求哀，必能閉惡趣門，植出世種也。』——以次正明懺悔行法

重戒	事犯懺法	理犯懺法
一　殺戒	殺上品，是逆。……無生懺 殺中品，失戒，重須見好相。……取相懺 殺下品，失戒，重堪任更受。（或是不失戒重）……向衆僧悔過 三品殺法，重垢。（或上品殺法，應同不失戒重。）……向三人悔過 三品殺因殺緣，輕垢。（或上品緣，即屬重垢。）向一人悔過	凡外殺眞諦界……析觀無生懺 藏教殺俗諦界……體觀無生懺 通教殺中諦界……次第無生懺 別教雙殺二諦界……一心無生懺
二　盜戒	盜三寶、父母、師長物，失戒，先須償還。 盜人道物，失戒，償否隨時斟酌。……取相懺 盜天及鬼神畜生物 上品中品盜法……向三人或衆僧悔過 下品盜法……向一人或三人悔過 三品盜因盜緣……向一人悔過	盜有、盜空。……析觀無生懺 盜眞、盜俗、盜中。……一心無生懺 一心三觀妙無生懺，通滅一切事盜理盜。

三 婬戒

- 婬因……向一人悔過
- 婬緣……向三人或一人悔過
- 婬法……向衆僧或三人悔過
- 婬業・失戒。……取相懺
  - 弄陰失精・觸女人・向女人作粗惡語・或讚身受供・或爲媒嫁事。（比丘自依僧法出罪。餘衆須向衆僧悔過。）
  - 弄陰未出精中止・觸黃門二根男子身・或向其作粗惡語・讚身索供・媒嫁事未成等。……向三人或一人悔過
  - 案律論云。若長老聞此不淨行・愼勿驚怪。何以故。如來憐愍我輩・爲結戒故。說此惡言。若不說者・云何得知罪之重輕？若法師爲人講・聽者愼勿露齒笑。若有笑者驅出。何以故。佛憐愍衆生・金口所說。汝等應生慚愧心而聽・可以笑。

- 耽着色無色定……析觀無生懺（亦可用後三無生懺）
- 耽着涅槃……體觀無生懺（亦可用後二無生懺）
- 耽着遊戲神通……（次第無生懺之中觀（亦可用後二無生懺））
- 耽着中諦……一心無生懺

四 妄語戒

- 大妄語成・失戒。……取相懺
- 小妄語綺語增上頻犯・失戒須更受。……向衆僧悔過
- 餘一切等流及方便罪……（隨其輕重・用三種作法懺除之。）
- 法說非法等一切妄語・破法輪僧・破羯磨僧。……
  - 事成・犯逆・不可悔・用無生懺轉重令輕。
  - 不成・犯方便重垢・向一切僧悔過。

- 違理妄語
  - 凡外……眞諦無生懺
  - 二乘……從空出假懺
  - 菩薩……中道無生懺
  - （以上次第無生懺中）
  - 別教……一心無生懺

一心無生懺・除一切事理妄語罪・無有不盡。

戒	事懺	理懺
五 酤酒戒	約本經·失戒·須見好相。……取相懺 酤酒業成 { 約地持·是遮業故·失戒·堪任更受。……向衆僧悔過 酤業未成及賣淨肉在婬坊等。……向衆僧或三人一人等悔過	三毒酒·散亂酒·禪定酒。……四種無生懺 無知酒……次第·一心·二種無生懺 無明酒……一心無生懺
六 說四衆過戒	犯重·失戒·堪任更受。……向衆僧悔過。或復取相懺彌善。 犯輕……作法·隨事斟酌。	犯於理說·惟用一心無生懺。
七 自讚毀他戒	上品·失戒·重·堪任更受。……向衆僧悔過 中品·不失戒·重。……向三人或衆僧悔過 下品·犯輕。……向一人悔過	理中讚毀·卽用體觀·一心·二種無生懺。
八 慳惜加毀戒	作法懺·例前可知。	理慳·用一心無生懺。法華云·惟以如來滅度而滅度之。
九 瞋心不受悔戒	仝右	隔眞……四種無生·隨一皆得。 隔俗……體觀等三·亦隨用一。 隔中……次第·一心·亦隨用一。 隔二諦……用一心無生懺

10謗三寶戒	仝右	謗眞・謗俗・謗中・謗二諦・懺法仝右。
以上十重戒　以下四十八輕戒		
輕戒	事犯懺法	理犯懺法
一不敬師友戒	作法懺	如次用四種無生懺
二飲酒戒	仝右	無生懺
三食肉戒	仝右	仝右
四食五辛戒	仝右	仝右
五不敎悔罪戒	仝右	仝右
六不供給請法戒	仝右	仝右
七不往聽法戒	仝右	仝右
八心背大乘戒	仝右	一心無生懺
九不看病戒	仝右	無生懺自於四種無生普通達已・乃能以法藥療他。
10畜殺具戒	仝右	一心無生懺
二國使戒	仝右	無生懺
三販賣戒	仝右	一心無生懺

一三 謗毀戒	仝右	無生懺
一四 放火焚燒戒	仝右	見思燒……四種無生懺・ 無明燒……次第一心二種無生懺。
一五 僻教戒	仝右	一心無生懺 悟一心無生法已。爲實施權・開權顯實。以正入邪・引邪歸正・無所不可。
一六 爲利倒說戒	仝右	無生懺
一七 恃勢乞求戒	仝右	一心無生懺
一八 無解作師戒	仝右並善學	無生懺
一九 兩舌戒	仝右	有無兩舌……四種無生懺 眞俗兩舌……後二種無生懺 邊中兩舌……一心無生懺
二〇 不行放救戒	仝右	無生懺
二一 瞋打報讎戒	仝右	一心無生懺
二二 憍慢不請法戒	仝右	仝右
二三 憍慢僻說戒	仝右	仝右
二四 不習學佛戒	仝右	仝右

戒		
二五 不善知衆戒	仝右	無生懺
二六 獨受利養戒	但犯方便輕垢・……作法懺 已得五錢入手・結重失戒。……取相懺	一心無生懺
二七 受別請戒	作法懺	仝右
二八 別請僧戒	仝右	一心融四種無生懺
二九 邪命戒	仝右	一心無生懺
三〇 經理白衣戒	仝右	仝右
三一 不行救贖戒	仝右	仝右
三二 損害衆生戒	仝右	無生懺
三三 邪業覺觀戒	仝右	一心無生懺
三四 暫離菩提心戒	仝右	仝右
三五 不發願戒	能數數發願・令菩提心不斷・卽名懺悔。	
三六 不發誓戒	能數數發誓・令正願不退・卽名懺悔。	
三七 冒難遊行戒	作法懺	無生懺
三八 乖尊卑次第戒	仝右	仝右

	修卽是悔	
三九 不修福慧戒		
四〇 揀擇受戒戒	作法懺	一心無生懺
四一 爲利作師戒	仝右	仝右
四二 爲惡人說戒戒	仝右	於一心無生中善達四悉因緣。
四三 故起犯戒心戒	仝右	一心無生懺
四四 不供養經典戒	仝右	無生懺
四五 不化衆生戒	仝右	仝右
四六 說法不如法戒	仝右	仝右
四七 非法制限戒	殷勤建立三寶	善修一心三觀
四八 破法戒	作法懺	行解雙進

(19)修證差別性惡法門合表

合註釋性惡法門云。善惡之法，皆是性具。達其性，則能用善用惡，而不被善惡所用。不達其性，則被善惡所用，不知稱性功能。以被善惡所用，故全性德而成逆順二修，感於苦樂二報。以能巧用善惡，故卽二修咸合平等一性，成於折攝二門。

案性惡法門，十門明義之第十也。明義至此，造極登峯。見地甚高，境界甚深。初學菩薩，未容藉口。

靈芝律主云。「今時愚者。錯解佛乘。皆謂理觀寂爾無思。空然無境。取捨不得。能所俱亡。頑然寂住。便是眞如。放蕩任情。卽爲妙用。由是不禮聖像。不讀眞經。毀戒破齋。嗜酒噉肉。誇爲大道。傳化於人。惡業相投。率多承習。此乃虛妄臆度。顚倒輪迴。豈知達法皆眞。何妨泯淨。了眞卽用。豈礙修行。是故悟理則萬行齊修。涉事則一毫不立。自非通鑑。餘復何言。」又南山律主云。「智論問曰。有人言罪不罪不可得。名爲戒者。何耶。答曰。非謂邪見麤心言無罪也。若深入諸法相。行空三昧。慧眼觀故。言罪不可得。若肉眼所見。與牛羊無異也。今誦大乘語者。自力既弱。不堪此戒。自恥穢行。多不承習。有引此據。不解本文。故曲疏出。」以見恣懶慢。以謂無修作。穢鄙而言妙用。則是都迷階漸。一混聖凡。滅法壞人。莫甚於此。初心之士。愼之凜之。

戒名	修證差別	性惡法門
一殺戒	別圓觀行位人。善伏煩惱。能防故殺。相似初心。先斷見惑。與藏通初果。齊得道共力。能斷故誤二殺。如釋種寧死不戰。是斷故殺。初果耕地。蟲離四寸。是斷誤殺也。華嚴二地云。性不殺生者。此約教道二地。戒波羅密增上。或約理殺。二地卽是界外須陀洹果故也。藏教外內二凡。能防殺眞諦罪。初果以上。永斷殺眞之罪。通教乾慧性地。能防殺俗諦罪。八人	今明性惡。復約二義。一用事殺。如古昔聖王。殺仙豫婆羅門等五百人。乃是與其無量壽命。此亦可稱爲善識開遮。又如無厭足王。幻作惡人而行治罰。沙彌呑食外道。度令出家證果等。皆巧用事殺也。二用理殺。所謂弑無明父。害貪愛母。護生須是殺。殺盡始安居也。前明不殺。必至佛果方得究竟淸淨。此文明殺。亦至佛果方得究竟殺盡耳。

戒	斷證	事理
	以去。亦復永斷。別教初心仰信中道。能防殺中諦罪。十住十行。猶未永伏。十向永伏。初地永斷。兼斷雙殺二諦之罪。以證道同圓。故圓教初心了知法界不壞一法。能防雙殺二諦之罪。故名第一清淨。亦復論於名字清淨。觀行清淨。乃至究竟清淨也。	
二 盜戒	別圓觀行位人能防。故盜相似初心位齊初果永斷。故盜華嚴二地中義。如殺戒辨。藏教內凡外凡。伏於空有二盜。初果永斷盜空。四果永斷盜有。圓教觀行。圓伏盜眞盜俗盜中之罪。初住分斷。妙覺究竟斷盡。別教登地證道同圓。亦能分斷理盜。	事盜如開遮所明。理盜則菩提無與者。然我取菩提。三世諸佛。乃稱究竟大盜耳。
三 婬戒	初果永斷邪婬。三果永斷正婬。乃至夢中不復失精。別教初住同初果。五住同三果。圓教初信同初果。五信同三果。理婬者。藏四果。通已辦。別七住。圓七信。永斷色無色愛。通教菩薩分三根。上根三地四地出假。中根五地六	用事婬。如釋迦以化人度婬女。菩薩以分身應魔女。令發菩提心。婆須密多以婬女身。令人證解脫門等。用理婬。則法喜爲妻。佛得第一無上法喜之樂。名爲究竟受五欲人。

戒	斷	用
	地出假。下根七地八地出假。永斷涅槃法愛。別教十向習中觀。永斷神通法愛。圓教五品。善知法界。伏中道愛。初住分斷。妙覺究竟斷盡。	
四 妄語戒	藏通初果。別住圓信。永斷事妄。藏通初果斷違空違緣起妄。出假菩薩斷違俗妄。別十迴向。伏違中妄。登地永斷。圓五品位。伏違二諦之妄。初住永斷。	用事妄。如開遮所明。用理妄。則生生不可說。作生生說。生不生不可說。作生不生說。不生生不可說。作不生生說。不生不生不可說。作不生不生說。法非言說。言說皆妄。法非默然。默然亦妄。以四悉檀因緣。用妄言說。及妄默然。巧誘衆生。出魔入佛。名大妄語。亦最綺語。
五 酤酒戒	初果得道共力。永斷事酤。凡外酤三毒。散亂禪定等酒。初果亦永不酤。未免自飲。四果永不復飲。若無知酒。二乘但飲不酤。出假位中更不復飲。若無明酒。地前菩薩。亦酤亦飲。登地但飲不酤。妙覺永不復飲也。	事惡。惟用飲。不用酤。用飲如末利夫人事。理惡。亦酤亦飲。謂法性理水。陶然眞樂。名爲眞酒。諸佛菩薩自既醉飽。亦廣飲人。又中諦酒。俗諦酒。眞諦酒。三昧酒。十善酒。以中諦酒。酤與別圓菩薩。以俗諦酒。酤與藏通菩薩。以眞諦酒。酤與藏通二乘。以三昧酒。酤與色無色界。以十善酒。酤與人天。各令醉飽。又中諦藥

		酒。治菩薩病。俗諦藥酒治二乘病。眞諦藥酒。治凡夫病。三昧藥酒。治散亂病。十善藥酒。治十惡病。既酤與人。亦示自飲。又一切衆生醉三毒酒。與其同事。亦復示飲。又如婆藪仙人。示酤三毒酒。爲衆作誡。
六 說四衆過戒	初果以去無事說。圓人初心無理說。	說佛菩薩爲究竟五逆。究竟大盜。究竟五欲。究竟大妄語人。
七 自讚毀他戒	初果以上。永斷事惡。八人見地。永斷界內理惡。別地圓住。永斷界外理惡。	用事讚毀。則摧邪顯正。彈偏斥小。歎大褒圓。用理讚毀。則法性爲自。無明爲他。無明之性。卽是法性。無可讚毀。而熾然讚毀。
八 慳惜加毀戒	初果斷事慳。亦斷眞諦慳。菩薩不慳俗諦。別人不慳中諦。圓人不慳法性。名字不慳。乃至究竟不慳。	不捨一法名慳。破相歸性名毀。
九 瞋心不受悔戒	三果斷事瞋盡。初果不隔眞。出假不隔俗。別向不隔中。別地圓住不隔二諦。又圓信圓觀。皆伏一切理瞋。	現忿怒大明王相。是用事瞋。一法不取。名爲理瞋。
10 謗三寶	藏不謗眞。通不謗俗。別不謗中。圓不謗二。各	用事謗。如婆藪仙人。用理謗。四句卽爲四門。

戒	於外內二凡永伏。分證永斷。	門門皆入道。
以上十重戒　以下四十八輕戒		
戒名	修證差別	性惡法門
一 不敬師友戒	初果得不壞淨。及淨心地菩薩。永斷事慢。四教分證人。如次斷四種理慢	瑜伽法中作觀音慢。是觀行慢。十地品云。我當於一切衆生中。爲首爲勝等。是分證慢。天上天下。惟吾獨尊。是究竟慢。
二 飲酒戒	得法自在人。飲無迷亂。	用事飲。如濟顛等。用理飲。卽法性眞酒。耽荒無厭
三 食肉戒	別初住。圓初信。永斷事食。四教分證。斷四理食。	用事食。如釋迦本生。現惡羅刹形。怖人令受歸戒。用理食。則中道法性。名爲第一美肉。恣意飽噉。
四 食五辛戒	事辛爲修行第一漸次。最初應斷。初果斷見辛。四果斷思辛。出假斷塵沙辛。別地圓住分斷無明之辛。	辛是熏染爲義。以法界辛。徧熏法界。如擊塗毒鼓。置毒乳中等喻。既以毒喻圓理。亦可以辛喻也。
五 不教悔罪戒	他人犯戒。於四諍中。卽是犯諍。若舉過不服。卽是覓諍。若復有人不知戒相。不決重輕。卽是言諍。若於三諍事發。又卽事諍。此之四諍。	維摩經云。外道六師。是汝之師。汝師所墮。汝亦隨墮。則非惟不教令悔。又從而和之矣。此亦具有事理二墮也。

戒名	釋	附
	具十法者。乃能滅之。一持戒。二多聞。三誦毘尼極利。四廣解其義。五言辭了了。堪任問答。六諍起能滅。七不愛。八不恚。九不怖。十不癡。又僧祇明成就十四法。名爲第五持律。所謂善能滅諍。大約是無疑解脫阿羅漢也。教悔理界。位在圓住。通教見地。亦滅界內理諍。	
六 不供給請法戒	入淨心地菩薩。常法供養一切三寶。事理請俱無犯。	事惡則如闍王之女。見大聲聞而不起迎禮敬。理惡則觀於絕待法性。不得能供所供。能請所請。
七 不往聽法戒	事往。應如常啼善財。理往。如石室觀空。又菩薩成就游戲神通。能徧至十方聽法。成就念不退法。能念念永不離法。	不應以法更聽於法。
八 心背大乘戒	位不退人。永不計外。行不退人。永不計小。念不退人。永不背理。	用外用小。接外小機。示同其計。
九 不看病戒	生緣慈。能看身病。法緣慈。能看見思病。無緣慈。能看無明病。	常與捨心相應。名不看病。又復示現病行

一〇畜殺具戒	初果以上・永捨事器・圓住永捨理器。	正以圓頓止觀爲究竟殺具
一一國使戒	初果以上・不爲事使・四教分證・不爲理使。	或爲事使・卽如圖澄等。或爲理使・則方便破無明國・善巧擢煩惱軍。又於無明國裏出入・煩惱軍中往來以度衆生。
一二販賣戒	初果以上無事販。圓人無理販。	分離無明眷屬。斷絕十二生因。盡法界衆生・市以無縫棺材。所謂皆以如來滅度而滅度之。
一三謗毀戒	初果無不實謗。三果無惡心說實。圓人無理謗。	方便說此性惡法門・謂佛是究竟大貪等。
一四放火焚燒戒	初果斷事燒。四果斷見思燒。佛斷無明燒。	放三智火・燒盡法界三惑窟宅。
一五僻教戒	初果無邪教。出假無小教。圓人無理內邪小。	徧用一切邪小法門・攝一切機。又究竟邪小・卽究竟一乘。
一六爲利倒說戒	初果無爲利心。出假具知根智。圓觀曉了四惡。	一切法倒・一切法正。以正相入倒相・以倒相入正相。

戒	修證差別	性惡法門
一七 恃勢乞求戒	初果斷事取。圓觀伏理取。圓住斷理取。	橫於九界，逼取佛界善根。橫於二十五有，逼取眞常我性。
一八 無解作師戒	觀行相似位人，有教門正解。分證位人，有入理眞解。	一切法本不可解。忘情絕解，乃爲法界之師。
一九 兩舌戒	初果無事兩舌，圓人無理兩舌。	隨情隨智爲兩舌。一切實一切不實等，亦是兩舌。
二〇 不行放救戒	慈心三昧成，常行事理二救。	或不救事殺，如古人謂猪子云，正兩脚時不掙，今既四脚，掙向何處。或不救理殺，殺盡安居，自作教他，寧惟不救，又從而助之。
二一 瞋打報讎戒	初果無事報。圓住無理報	破煩惱怨，殺無明賊。
二二 憍慢不請法戒	初果無事憍。圓住無理憍	天上天下，惟吾獨尊。不見世間諸天及人，堪受如來迎接禮拜者。假使佛爲起迎，令彼卽時頭破七分。
二三 憍慢僻說戒	初果斷事中慢僻。圓住斷理中慢僻。	我爲法王，於法自在。隨智隨情，種種僻說

二四不習學佛戒	位不退人•永不計外行。不退人•永不計小念。不退人•永不背理。	邪小究竟卽大。
二五不善知衆戒	無疑解脫•能和事諍•能守事財。圓初住•能和理諍•能守理財	與般若兵杖與一切法戰•是名亂衆鬪諍等賜諸子白牛大事•是恣用三寶物。
二六獨受利養戒	初果不獨受事利。圓住不獨受理利。	盡十方是箇自己。安有第二人同受供養。
二七受別請戒	別初住•圓初信•不受事別請。別初地•圓初住•不受理別請。	法界妙供•念念自受。如人飲水•冷煖自知•誰能共之。
二八別請僧戒	初果無事別請。圓信無理別請。	於十法界中•別令各得佛界之利。
二九邪命戒	初果無事邪。圓住無理邪。	如維摩經中三墮•受食是爲究竟邪命。又置毒乳中等。
三〇經理白衣戒	初果無事犯。圓住無理犯。	同流九界•名經理白衣。坐斷三世•名不敬好時。
三一不行救贖戒	圓初信•別初住•通見地菩薩•藏事度菩薩•皆能盡力行事救。圓初住•別初地•皆能盡力行	正欲以法界三寶•強售法界中人。

	理教。	
三二損害衆生戒	初果無事損亦不損眞出假不損俗別向不損中別地圓住不損二諦	損九界成佛界佛亦不立則具損十界
三三邪業覺觀戒	三果無事邪別地圓住無理邪。	歷三性觀察徧覺一切邪業中實相。
三四暫離菩提心戒	圓初信別初住通見地藏初果永不起外道心。行不退位永不起二乘心別地圓住永不起理中邪小心。	念念觀外道二乘境即是不思議境成就究竟外道究竟二乘。
三五不發願戒	行不退人不離大願以自莊嚴。	不著佛求不著法求不著僧求不應法界更求法界。
三六不發誓戒	位不退人前四誓淨行不退人第五誓淨。	不動法界何誓可發叉誓染法喜妻誓披忍辱衣誓食禪悅法喜食誓坐法空座誓服四教藥誓遊解脫園誓受自性禮誓觀法界妙色誓聽圓頓好音誓嗅法身妙香誓餐法食妙味誓受八自在樂觸誓令一切衆生得不般涅槃際解脫門。

三七冒難遊行戒	得五通人·無難事怖。得三智者·無三惑怖。	徧入事理二難以度衆生。
三八乖尊卑次第戒	善持大小毘尼·知事中次第。善修四教觀慧·知理中次第。	生佛平等·有何次第。故文殊爲然燈佛師·仍侍釋迦。一心一切心·一觀一切觀·復何次第。故佛頂云聖性無不通·順逆皆方便。
三九不修福慧戒	行不退人·滿足事修。念不退人·滿足理修。	無福慧法可修。無人修於福慧。
四〇揀擇受戒	別住以去無事揀。圓信以上無理揀。	法法皆揀則全非·更無一法可受。
四一爲利作師戒	初果以上不爲事利。別地圓住·不爲理利。	普利法界·正是獨利自己。從名字爲利·乃至究竟爲利。
四二爲惡人說戒	初果及別住·不犯事說。具知根智·不犯理說。	如喜根強毒·不輕授記·卽是向惡人說。
四三故起犯戒心戒	位不退人·無犯事心。念不退人·無犯理心。	謗諸佛。毀於法。不入衆數。爲與衆魔共一手作諸勞侶。
四四不供養經典戒	初果及淨心地人·無事慢。念不退人·無理慢。	自心卽法卽三寶·不應以心更供於心。
四五不化衆生戒	行不退·常行事化。念不退·常行理化。	三世諸佛一口吞盡·有何衆生可度。
四六說法不如法戒	初果以上事常如法。別地圓住理常如法。	依正剎塵·俱說俱聽·更何高下。
四七非法制限戒	初果以上·無事制限。別地圓住·無理制限。	不聽於九界外·別別施設佛界。
四八破法戒	初果以上無事破·別地圓住無理破。	破一切法無不徧

蕅益大師警訓節錄

（願文）稽首大慈悲救護末劫者。我念末劫苦，破戒爲第一。我思救苦方，無越毘尼藏。毘尼若住世，正法永不滅。行成果斯尅，教不屬空言。或因持戒力，速成淨滿尊。或因淨尸羅，嚴淨諸佛土。或因別解脫，作獨覺聲聞。或因善戒力，生禪及天道。亦作人中勝，福樂好名稱。如是差別果，皆由戒所得。近果說差別，究竟歸一乘。如是勝妙法，願爲我昭明。普度長夜中，無依無怙衆。（下略）

（淨社銘）持戒爲本。淨土爲歸。觀心爲要。善友爲依。

（庚寅自恣二偈）秉志慵隨俗。期心企昔賢。擬將凡地覺，直補涅槃天。半世孤燈歎，多生緩戒愆。幸逢鍼芥合，感泣淚如泉。　正法衰如許，誰將一線傳。不明念處慧，徒誦木叉篇。十子哀先逝，諸英喜復聯。四弘久有誓，莫替馬鳴肩。

（五戒歌示愍月）受戒易，守戒難，莫將大事等閑看。浮囊渡海須勤護，一念差池全體殘。　理勝欲，便安瀾，把定從來生死關。任他逆順魔軍箭，凜凜孤懷月影寒。　不殺生，大慈仁，物我一體如長春。蠕動蜎飛佛性等，賢愚貴賤無疎親。　不偸盜，充義與正直。清廉明節操，心外無法可當情，菩提性具非他造。　不婬欲，梵行篤，身心皎潔同珠玉。泰山喬嶽立清風，等閑超出娑婆獄。　不妄語，誠相與，廣長舌相昔塗炬。矢口千金敵國欽，九界同歸作洲渚。　不飲酒，離羣醜，智慧照明師子吼。衣裏圓珠豈更忘，免得親翁再苦口。　三歸五戒果精明，觀音勢至爲師友。

持犯集證類編

梵網經菩薩戒本彙解輯竟。得妙朗行者持犯集證。披閱迴環。悲欣交集。因為別類分門。略加增訂。以廣法益云。李圓淨謹誌

〔目　錄〕

上篇　持戒門

總說第一

△遺敎經　汝等比丘。於我滅後。當尊重珍敬波羅提木叉。如闇遇明。貧人得寶。當知此則是汝大師。如我住世無有異也。

△根本說一切有部毘奈耶經　我令汝等每於半月說波羅提木叉。當知此則是汝大師。如

我在世無異。

△大報恩經　欲報佛恩當持禁戒護持正法夫能維持佛法三乘道果相續不斷盡以波羅提木叉爲根本。

△四分律　毘尼藏者是佛法壽命毘尼若住佛法亦住。

△四十二章經　佛子離吾數千里憶念吾戒必得道果在吾左右雖常見吾不順吾戒終不得道。

△大集賢護經　出家之人當先護持淸淨戒行戒行淸淨則能獲得現前三昧成就無上菩提。

△般舟三昧經　棄絕情愛作比丘僧意欲學是三昧者當淸淨持戒不得缺犯。

△六門敎授習定論　若求淨戒有四種因一善護諸根二飲食知量三初夜後夜能自警覺與定相應四於四威儀中正念而住如是則戒得淸淨。

△阿含經　無戒之人當生三惡道中比丘戒律成就威儀具足犯小律尚畏何況大者是謂成就第一之法弊魔波旬不得其便猶如彼城高廣極峻不可沮壞

△恆水經　一時佛至恆水月十五日說戒時告阿難等曰夫人生死五道展轉不自識宿命本末皆坐心意不端故人身甚難得經戒復難聞聞已信入佛道難入已守持戒律難汝等皆

應端心正意、念生死甚勞苦、當守經戒、不可缺犯。持五戒者、還生人中。持十善戒者、得生天上。能持二百五十淨戒者、現世可得阿羅漢辟支佛菩薩佛泥洹大道果。

△善見律　一切作諸惡法犯戒、無人不知。初作者護身神見之、次他心通天神知之。於是轉相傳至梵天、至無色界天、無不皆聞。故世間有犯戒者、諸天咸知焉。有智慧人寧守戒而死、不犯戒而生。持律有六德、一者守領波羅提木叉、二者知布薩、三者知自恣、四者知授人具足戒、五者受人依止、六者得蓄沙彌。若不解律、但知修多羅阿毘曇、不得度沙彌受人依止。以律師能持律故、佛法住世五千年。

△楞嚴經　修行三決定義、所謂攝心爲戒、因戒生定、因定發慧。是則名爲三無漏學。

△摩訶般若波羅密經　持戒應自不殺生、亦教人不殺生、讚歎不殺生法、歡喜讚歎不殺生者。乃至自行不邪見、亦教人不邪見、讚歎不邪見法、歡喜讚歎不邪見者。

△五分律　昔有畢陵伽婆、因父母貧窮、欲以衣食供養、而懼違戒、以是白佛。佛告諸比丘。若人百年之中、右肩擔父、左肩擔母、聽於肩上大小便利、並以極世珍奇衣食供養、猶不能報須臾之德。從今聽諸比丘盡心盡壽供養父母。

△郁迦羅越問菩薩行經　居家菩薩當行八關齋戒、勤修十善、以集道業。

△大寶積經　佛告迦葉、在家菩薩成就三法、得不退轉於阿耨多羅三藐三菩提。何等爲三。

父母不信三寶勸令住信父母毀犯禁戒勸令住戒父母慳貪勸令住捨讚歎無上正等菩提為他說法是爲第一得不退轉無上菩提

△五大施經　大施有五種所謂一不殺生二不偷盜三不邪婬四不妄語五不飲酒是爲大施

△十六觀經　修淨業者得生西方極樂國土欲生彼國者當修三福一者孝養父母奉事師長慈心不殺修十善業二者受持三歸具足衆戒不犯威儀三者發菩提心深信因果讀誦大乘勸進行者如此三事名爲淨業乃是過去現在未來三世諸佛淨業正因

△大報恩經　齋法以過中不食爲體

△無量清淨平等覺經　行作沙門就無爲道奉行六波羅密不當虧失經戒慈心精進不當嗔怒不當與女人交往齋戒精進心無所貪慕其人壽命終時阿彌陀佛自與諸菩薩阿羅漢飛行迎之往生無量清淨佛國

△大乘理趣六波羅密多經　若諸凡夫自不清淨犯毀禁戒雖說正法勸他持戒終不信從是故當知先自檢身離諸放逸堅持禁戒然後爲人說正法要便能信受

△優婆塞戒經　善男子菩薩有二種一者出家二者在家出家修悲是不爲難在家修悲是乃爲難何以故在家之人多有惡因緣故善男子在家之人若不修悲則不能得優婆塞戒若

修悲已卽便獲得。善男子。出家之人唯能具足五波羅密。不能具足檀波羅密。在家之人則能具足。何以故。一切時中一切施故。是故在家應先修悲。若修悲已，當知是人能具戒忍進定智慧。若修悲心，難施能施，難忍能忍，難作能作。以是義故，一切善法悲爲根本。善男子。若人能修如是悲心，當知是人能壞惡業如須彌山，不久當得阿耨多羅三藐三菩提。是人所作少許善業，所獲果報如須彌山。

△優婆塞戒經　善男子，有三法能淨是戒。一者信佛法僧，二者深信因果，三者解心。復有四法。一者慈心，二者悲心，三者無貪心，四者未有恩處先以恩加。復有五法。一者先於怨所以善益之，二者見怖懅者能爲救護，三者求者未索先開心與，四者凡所施處平等無二，五者普慈一切不依因緣。復有四法。一者終不自輕言我不能得菩提果，二者趣菩提時其心堅固，三者精進勤修一切善法，四者造作大事心不疲悔。復有四法。一者自學善法學已敎人，二者自離惡法敎人令離，三者善能分別善惡之法，四者於一切法不取不著。復有四法。一者知有爲法無我我所，二者知一切業悉有果報，三者知有爲法皆是無常，四者知從苦生樂從樂生苦。復有三法。一者於諸衆生心無取著，二者施衆生樂其心平等，三者如說而行。復有三法。一者能施衆生樂因，二者所作不求恩報，三者自知定當得成阿耨多羅三藐三菩提。復有三法。一者爲諸衆生受大苦惱，二者次第受之，三者中間不息，雖受是苦心終不悔。復有三法。一者未除

愛心能捨所愛施與他人・二者未除瞋恚有惡來加而能忍之・三者未除癡心而能分別善惡之法。復有三法。一者善知方便能教衆生遠離惡法・二者知善方便能教衆生令修善法・三者化衆生時心無疲悔。復有三法。一者爲令衆生離身苦時自於身命心不悋惜・二者爲令衆生離心苦時自於身命心不悋惜・三者教化衆生修善法時自於身命心不悋惜。復有三法。一者自捨己事先營他事・二者營他事時不擇時節・三者終不顧慮辛苦憂惱。復有三法。一者心無妒嫉・二者見他受樂心生歡喜・三者善心相續間無斷絕。復有三法。一者見他少善心初不忘・二者毫末之惠輒思多報・三者於無量世受無量苦其心堅固無退轉想。復有三法。一者深知生死多諸過咎猶故不捨一切作業・二者見諸衆生無歸依者爲作歸依・三者見惡衆生心生憐愍不責其過。復有三法。一者親近善友・二者聞法無厭・三者至心諮受善知識教。復有九法。遠離三法・三時不悔・平等惠施三種衆生。復有四法。所謂慈悲喜捨

△華嚴經　於去來今佛所說法所制之戒皆悉奉持心不離捨・是故能令佛法僧種永不斷絕。佛言此菩薩成就普饒益戒・不受戒・不住戒・無悔恨戒・無違諍戒・不損惱戒・無雜穢戒・無貪求戒・無過失戒・無毀犯戒。云何爲普饒益戒。受持淨戒本爲利益一切衆生。云何爲不受戒。不受行外道諸法但性自精進奉持三世諸佛平等淨戒。云何爲不住戒。受持戒時心不住欲界・不住色界・不住無色界。云何爲無悔恨戒。恆得安住無悔恨心・以故不作重罪・不行諂詐・不破

律儀故云何爲無違諍戒此菩薩不非毀人不執自是心常隨順向涅槃戒無所毀犯不以持戒擾他衆生令其生苦，但願一切心常歡喜而持於戒。云何爲不惱害戒，不因於戒學諸呪術，造作方藥惱害衆生，但爲救護一切而持於戒。云何爲不雜戒。不著邊見，不持雜戒，但觀緣起，持出離戒。云何爲無貪求戒。不現異相彰己有德，但爲滿足出離法故。云何爲無過失戒。不自貢高言我持戒。見破戒人，亦不輕毀令他愧恥，但一其心而持於戒。云何爲無毀犯戒，永斷殺盜邪婬妄語兩舌惡口無義味語，及貪瞋邪見，具足受持十種善業。一切衆生毀犯淨戒，皆由顛倒。

△大乘理趣六波羅密多經　取相持戒，不爲最勝之所攝受，但名淨戒，非波羅密多。何以故。但獲三界有漏果報，壽盡卽無故。普爲一切衆生護持淨戒，觀第一義空，無人我相，而爲有情護持淨戒，是則名爲淨戒波羅密多，能令衆生速得無上正等菩提。

△大般若波羅密多經　發心菩薩，出家受戒，而不囘向無上菩提，是諸菩薩定不成就菩薩淨戒，但有虛名，都無實義。雖處居家而受三歸，深信三寶，囘向菩提，雖復受用樂具，而於菩薩所行淨戒常不遠離，亦名眞實持淨戒者。

△大集月藏經　持遠離殺生偷盜邪婬妄語兩舌惡口綺語貪欲瞋恚邪見，此是世間戒行。以是戒行，則能成就清淨功德，降伏魔怨。不依色事。不依受想行識事。不依眼事。不依色，眼

識、眼觸、眼觸因緣生受愛取有生事、不依意事。不依法、意識、意觸、意觸因緣、生受愛取有生事。不依地界、水火風界事、不依無邊虛空處、無邊色處、無所有處、非想非非想處事。不依欲界色界無色界事。不依現在及未來事。不依聲聞及辟支佛一切智事、不依聞事、禪事、智事、不依聞力三昧力陀羅尼力忍辱力事。不依有漏無漏力有爲無爲事。善不善力明暗力事。而持禁戒、此是出世間戒行清淨平等梵路聖道、入無畏城、彼諸聖賢所依第一義諦、入清淨智、如是聖戒清淨平等、修七覺分力、能障彼無明有爲有漏之相不令得起、以是義故名之爲戒。諸仁者、離欲義是戒義、解脫義是戒義、休息義是戒義、盡義是戒義、滅義是戒義、此諸句義名爲戒義。

△菩薩戒義疏　三聚戒者、一攝律儀戒、攝律儀戒者、謂一切律儀無不聚攝也、律卽法律、是禁止之義。儀卽儀式、是軌範之義。法苑珠林云、攝律儀者要唯有四、一者不得爲利養故自讚毀他、二者不得故慳不施前人、三者不得瞋心打罵衆生、四者不得謗大乘經典、持此四法、無惡不離、故名攝律儀戒。二攝善法戒、攝善法戒者、所行之行、能攝一切善法也、謂身口意所作善法及聞思修三慧、布施等六度之法、無不聚攝、故名攝善法戒。三攝衆生戒、攝衆生戒者、謂能攝受一切衆生也、能攝之行、卽是慈悲喜捨、慈名愛念、能與衆生樂、故悲名憐愍、能拔衆生苦、故喜名喜慶、慶一切衆生離苦得樂、故捨名無憎無愛、常念衆生同得無憎無愛、故以此等法攝諸衆生也。

功德第二

△譬喻經　昔有人名薩薄．聞鄰國有異寶．欲往採之。因途中多羅刹鬼．懼不敢往。時遊行市間有一道人．唱言賣五戒。薩薄問言五戒何益。答言口授心持．後得生天．現世能卻羅刹鬼怪。薩薄以金錢一千．即就受畢．發願精持。道人復語之曰．若遇羅刹鬼怪．但報言我是釋迦五戒弟子．即不敢為害。薩薄恃有五戒威力．即往採寶．果遇羅刹．薩薄即報言如上。羅刹聞五戒已．即恭敬薩薄．悔過自責．竟隨送薩薄至鄰國．大得珍寶還家．大修功德．後成道果。故知戒力不可思議。

△雜寶藏經　罽賓國．有一惡龍作大災害。有衆多羅漢各盡神力．驅此惡龍不去。尊者祇夜多後到龍所．三彈指言．汝今速去．不得住此。龍即遠去．不敢稍停。諸羅漢白祇夜多言．我等與尊者俱得漏盡．平等法身．云何尊者而能若是。夜多答言．我從凡夫已來．嚴秉禁戒．護持突吉羅輕罪．如四重無異。今諸仁者不能動此惡龍者．或戒力有不逮耳。

△大寶積經　佛告迦葉．汝見周那沙彌．拾不淨糞掃中衣．乞食已．至阿耨達池．欲浣糞衣。爾時池邊有常住諸天．皆來奉迎．頭面作禮．取沙彌糞掃衣而代浣之。諸天知沙彌能持淨戒．入諸禪定．有大威德．是故奉迎恭敬。汝見須跋陀梵志．著淨潔衣．乞食已．至阿耨大池．爾時諸天於阿耨大池四面各五里．遙遮梵志．不令近池．恐以不淨汚此大池。迦葉．汝今現見此事．以

聖人正念威德故得是果。持淨戒者，當除心，心數法垢也。

△菩薩處胎經　金翅鳥時入大海取龍爲食。時彼海中有化生龍受如來齋八禁戒法，鳥卽不敢吞食。

△毘尼母經　有一比丘入廁，未經彈指，致大小便觸汚廁中鬼面上。鬼大瞋怒，欲殺比丘。因其持戒嚴謹，鬼伺其短，久不可得。因持戒免於鬼害。

△譬喻經　昔有優婆塞僑寓舍衞國。其國大臣覬其婦美，讒譖於王，思中傷之以奪其婦。其王信讒，迫使優婆塞往距舍衞城千里大池中取五色蓮華。池有毒蛇猛獸惡鬼，國法有罪應死者，則使取華，輒喪其命。優婆塞歸與婦辭，婦曰，君今獲罪，皆由我故，君識佛大教，三界無依，惟戒可恃。君今就道，心念佛戒，莫忘須臾。君若不還，吾亦守戒，以死報君。優婆塞卽時念佛戒行，及池近，卽逢惡鬼，謂之曰，汝是佛弟子，爲惡人所讒，我不忍害汝。雖然我不相害，但池有諸毒，恐不能免。汝當止此。吾代取華，以救汝危，使我得供養持佛戒者，得福無量。鬼去須臾卽還，以華相與。因華重難舉，鬼復爲之代擔，並掖之疾行。回國以華呈王。王怪問之，卽以實對。王大驚愧曰，鬼能濟助持戒善人，而我無義，驅之就死，誠鬼魅不如矣。卽向優婆塞悔責，皈命奉受五戒，仁化行於一國。優婆塞夫婦益精持戒，至成道業。　（以上事證，以下說理。）

△百論　一切善法，戒爲根本。持戒之人，則心不悔，不悔則歡喜，歡喜則心樂，心樂則一心，一

心則生實智實智生則得厭離欲厭離欲得解脫解脫得涅槃。

△涅槃經　持戒比丘威儀具足護持正法見壞法者即能驅遣訶責得福無量。

△戒香經　佛告阿難世有衆香唯隨風能聞不能普聞若持佛淨戒行諸善法如是戒香徧聞十方咸皆稱讚諸魔遠離。

△阿含經　持戒有五功德一者所求如願二者財産增益無損三者所住之處衆人愛敬四者好名善譽周聞天下五者身壞命終必生天上。

△成實論　持八關齋戒有五種清淨一行十善道二斷前後諸苦三不爲惡心所惱四守護正念五回向涅槃能如是齋戒則四大寶藏不能及其一分天帝福報亦所不及。

△大智度論　破戒者墮三惡道若下等持戒生人間中等持戒生六欲天上等持戒又行四禪四空定生色無色界天上等持戒中又有三種下清淨持戒得阿羅漢中清淨持戒得辟支佛上清淨持戒得佛道。

△順正理論　諸天神衆不敢受持五戒者禮拜國王大臣等亦不敢求受戒比丘禮蓋懼損功德促壽命也故大小乘戒爲至寶貴。

△海意菩薩所問淨印法門經　佛告海意若菩薩雖處諸趣無所妄希善護戒行能降五蘊魔若無我見無依止善護戒行能降煩惱魔若以淨戒令諸衆生出離老死自護戒行能降死

魔。若令一切毀禁衆生皆悉懺悔安住聖淨戒中自護戒行能降天魔。

△月燈三昧經　若具足身戒於一切法得無礙智若成就口戒得佛六十種無礙清淨美妙音聲若具足意戒得一切佛法一切神通不動解脫。

△毘婆沙論　若人持不殺戒於未來世決定不逢刀兵災劫若以一訶棃勒果起恭敬心奉施病僧於未來世決定不逢疾疫災劫若以一摶之食起恭敬心奉施僧衆於未來世決定不逢饑饉災劫。

△四天王經　四天神王每月以六齋日察人善惡以啓帝釋若持戒人帝釋即喜勅諸善神擁護是人隨戒多少若持一戒令五神護之五戒具者令二十五神護之是人生得安隱死生天上若違佛犯戒廣行非法善神不復擁護帝釋不悅日月星宿失度風雨不時若有改往修來帝釋四王歡喜天道吉祥人民安樂斯皆五戒十善六齋使之然也。

△四分律　持戒有十種利益一、滿足志願能持禁戒則身心清淨慧性明了一切智行誓願無不滿足二、如佛所學佛初修道時以戒爲本而得證果能堅持戒是亦如佛所學三、智者不毀戒行清淨身口無過凡有智人喜樂讚歎而不毀訾四、不退誓願堅持禁戒求證菩提誓願精進得不退轉五、安住正行堅持禁戒三業清淨而於正行安住不捨六、棄捨生死受持禁戒則無殺盜等業能出離生死永脫輪迴之苦七、慕樂涅槃堅持禁戒絕諸妄想故能厭生死苦

慕涅槃樂。八得無纏心。戒德圓明・心體光潔。一切煩惱業緣・皆悉解脫・無纏縛患。九得勝三昧。持戒淸淨・心不散亂・則得三昧成就・定性現前・超諸有漏。十不乏信財・持守戒律・於諸佛法・具正信心・則能出生一切功德・法財不匱。

△集一切福德三昧經　持淨戒者・諸天常禮・諸龍宗敬・夜叉及乾撻婆・皆常供養・阿修羅敬侍・世間國王大臣婆羅門長者居士皆尊重之。淨持戒聚不生四處・除有誓願隨處示現化衆生者。何等爲四。不生邊地。不生無佛國。不生邪見家。不生惡道。淨護戒聚・不値四處。何者爲四。不値法滅。不値減劫中刀兵劫。不値饑餓劫。不値劫燒。護持戒聚・離十種畏。何等爲十。離地獄畏。離畜生畏。離餓鬼畏。離貧窮畏。離不稱讚畏。離諸纏畏。離諸聲聞緣覺位畏。離天龍夜叉乾撻婆・阿修羅・迦樓羅・緊那羅・摩睺羅・拘辦茶・羅刹等畏。離魁膾刀杖火毒等畏。離諸師子虎豹熊羆及多勒叉狐狼蟒蛇猫鼠百足毒蛇怛蝲王賊等畏。

△集一切福德三昧經　持戒則能發起一切佛法・乃至起於無上菩提。何以故。若有持戒・便有三昧・便有智慧・便有解脫・便有解脫知見。

△出曜經　持戒之人・後至年老・天龍神祇・常隨護助・營衛供養。一切衆魔・所不敢犯。戒德之香・上熏諸天・徹十方界。斷諸結使・閉塞禍門・不漏諸欲。

△大乘理趣六波羅密多經　若有衆生能持淨戒・能令一切天龍藥叉・人非人等・國王大臣・

剎帝利、婆羅門、長者、居士、悉皆歸敬、禮拜、供養、尊重、讚歎。護淨戒者、行住坐臥、及經行處、其地吉祥。一切人天、應取其土、頂戴供養。以是當知、持淨戒者、於諸衆中、而爲第一、最高最上。

△六度集經　昔有梵志、名曰維藍、榮尊位高、爲飛行皇帝、財難籌算、性好布施、金鉢銀粟、銀鉢金粟、金銀食鼎、中有百味。織成寶服、明珠綻綴、牀榻帷帳、寶珞光目。名象良馬、金銀鞍勒、絡以衆寶、諸車華蓋、虎皮爲座、彫文刻鏤。無好不有、事事各有千八十四枚、以施與人。維藍慈惠、八方上下、天龍善神、無不助喜。如維藍惠、以濟凡庶、畢其壽命、無日廢懈。不如一日飯一清信具戒之女、其福倍彼、不可籌算。又爲前施、幷清信女百、不如清信具戒男一。飯具戒男百、不如具戒女除饉一。女除饉百、不如高行沙彌一。飯沙彌百、不如具戒沙門一。具戒行者、心無穢濁、內外清潔。凡人猶瓦石、具戒若明珠。瓦石滿四天下、不如眞珠一矣。又如維藍布施之多、逮於具戒衆多之施、不如飯一頻來。頻來百、不如不還一。不還百、不如飯應眞一人。又如維藍前施、及飯諸賢聖、不如孝事其親。孝者盡眞心、無外私。百世孝親、不如飯一辟支佛。辟支佛百、不如飯一佛。佛百不如立一剎、守三自皈、皈佛、皈法、皈比丘僧。盡仁不殺、守清不盜、執貞不犯他妻、奉信不欺、孝順不醉、持五戒、月六齋、其福巍巍、勝維藍布施萬種名物、及飯賢聖、甚爲難算矣。

精進第三

△大報恩經　凡受戒法、以勇心自誓、決斷持守、然後得戒。

△涅槃經　寧以此身投於猛火深坑、終不毀犯過去現在未來諸佛所制禁戒。

△圓覺經　佛告普眼菩薩言、彼新學菩薩、及末世衆生、欲求如來淨圓覺心、應當正念遠離諸幻、堅持禁戒。

△觀佛三昧海經　佛白毫相、從無量劫捨心不慳、不憶財物、心無封著、而行布施。以身心法攝身威儀、護持禁戒、如愛雙目。然其心內豁然虛寂、不見有犯起及捨墮法。心安如地、無有搖動。設有一人以百千刀屠截其心、及復有人以諸荊棘鞭撻其身、初無一念瞋恚。

△持心梵天所問經　梵天白佛、何謂親近如來行。佛曰、寧失身命、不毀禁戒。

△大集經　寧以赤銅宛轉眼中、不以散心邪視女色。

△毘尼母經　寧吞鐵丸而死、不以無戒食人信施。

△賢愚因緣經　持戒之人、護持禁戒、寧捨身命、終不毀犯。何以故。戒爲入道初基、盡漏之妙趣、涅槃安樂之平途。若持禁戒、計其功德、無量無邊。

△涅槃經　堅持禁戒、不犯威儀、不受一切不淨之物、不食肉、不飲酒、五辛葷物、悉不食之。是故其身無有臭穢、爲諸天人一切世人恭敬供養、尊重讚歎。

△集一切福德三昧經　菩薩摩訶薩爲集此戒、乃至失命、終不毀犯、不爲王位護持禁戒、不爲生天、不爲梵王帝釋、不爲封邑、不爲自在、不爲名稱、不爲利養、不爲病藥、乃至不畏六道中

貧困苦惱護持淨戒。爲佛種故護持禁戒。爲住聽法·如聞而行·護持禁戒。爲僧種故·護持禁戒。爲欲出過生老病死憂悲苦惱故·爲欲安樂利益諸衆生故·護持禁戒·如是持戒具足成就精妙無染清淨香潔·智者所讚·諸佛所歎。

△四十二章經　夫爲道者·譬如一人與萬人戰·挂鎧出門·意或怯弱·或半路而退·或格鬭而死·或得勝而還。沙門學道·應當堅持其心·精進勇銳·不畏前境·破滅衆魔·而得道果。　蕅益大師釋云·專精學道之心·譬如一人·無始虛妄諸惑習氣·譬如萬人·受持淨戒·譬如挂鎧·惟堅持其心·則無怯弱之意·此戒力也。精進勇銳·則無半路之退·此定力也·不畏前境·則無格鬭致死·此慧力也。合此三力·破滅無始衆魔·而證道果·是爲得勝而還矣。（以上說理·以下事證。）

△雜寶藏經　有菩薩比丘名金剛齊·得持戒力·修習聖法·正念無倒·時有魔名曰障礙·領魔眷屬·隱身持兵·來比丘所·伺察比丘·如若動念·即撲殺也。乃至千歲·不見比丘一念心散·可得惱壞·魔乃現身持兵·以恐怖之。比丘誓言·若我戒淨·正行不倒·魔衆兵仗·皆變爲蓮華瓔珞·魔衆皆變如我身相。作是語已·魔衆兵仗·皆變蓮華瓔珞·身相皆變·與比丘無異。爾時魔子發希有心·與其眷屬·禮足皈依。

△佛藏經　昔有大小二比丘·同往見佛·中途渴甚·見水多蟲。大者護戒·不飮而死·小者飮之解渴·得見世尊。佛卽呵云·汝愚癡人·彼以護戒·雖死得生善趣·已先見我。汝傷生破戒·雖近吾

去千里

△賢愚因緣經　安陀國有一沙彌。奉其師命。到供養主優婆塞家。催迎食供。時優婆塞全家外出。只留一女守門。女見沙彌。心生歡喜。欲火熾盛。獻諸妖媚。强迫沙彌成婬。沙彌不能脫身。乃自念言。我有何罪。遇此惡緣。寧捨身命。不可毀犯三世諸佛所制禁戒。汚佛法僧。乘女閉門。拾得剃刀。遂合掌跪向拘尸那城佛涅槃處。自立誓願。我今不捨佛法僧。護持禁戒。捨此身命。願所在生。出家學道。淨修梵行。漏盡成道。即刎頸死。國王得聞。親往作禮。讚其功德而旌獎之。

△譬喩經　有大迦羅越子。端正聰明。出家作比丘。奉行戒法。一日乞食至一大家。婦寡婬蕩。欲與比丘行婬。比丘不從。婦怒呼婢。擡置火坑中。逼之使從。比丘言姑且止。容我計較。即自念言。我入火中。爲一死耳。若因持戒死。可得生天。如破戒犯婬。死墮地獄。無有出期。便躍身入火。火忽化爲冷水。比丘無損。婦大慚怖。乃送比丘。安徐而去。

△大莊嚴論　有數比丘。曠野中行。爲賊所掠。剝脫衣服。賊恐比丘告人追捕。欲盡殺之。賊中有一人語曰。比丘之法。不傷生草。遂以生草縛其手足而去。比丘等恐犯禁戒。不斷草縛。相與伏處。待人解救。至於次日。國王出獵。見而問之。得其實情。國王爲所感動。解其草繫。說偈讚之。並延比丘至國。從受皈戒。

△大莊嚴論　昔有比丘。持鉢乞食。至珠師家。於門外立。時珠師正爲國王穿珠。即入內室爲

比丘取食。適有一鵝。見珠呑食。珠師持食施比丘已、覓珠不見、疑爲比丘所盜。比丘以護惜鵝故、不忍明言。珠師執比丘撾打、出血流地。鵝復來地食血。珠師舉棒逐之、誤傷鵝死。比丘始言止不須打、今還汝珠。前之不言、恐傷鵝命。今鵝已死、珠在鵝腹。珠師剖鵝得珠、即向比丘自責懺悔、並讚其戒德焉。

△大莊嚴論　昔有諸比丘、泛海船破。有少年比丘、捉得一板、可浮水不死。見有上座比丘、勢將沒溺、因憶佛戒、有言遇利樂事、先與上座。即以板擲與上座。上座得板、因浮至岸。時海神感其精誠、即接年少比丘置岸上。合掌讚言、我今皈依堅持戒者。汝於危難中、能持佛戒、實爲希有。

△僧祇律　佛世有二比丘、共來見佛。一比丘病、一比丘捨去、先來見佛。佛知故問、比丘具白前事。佛言、此是惡事。若比丘放逸懈怠、雖近我所、爲不見我。若能執持諸根、心不放逸、專念在道、雖去我遠、即爲見我。我爲隨順如來法身故、汝等同出家修梵行、有病不相看、誰當看者。汝還看病比丘去。

△蘇摩王經　世尊往昔曾爲大力毒龍。若諸衆生、被其眼視、或觸其口氣者、即死。是龍曾受一日齋戒、因求靜故、入深林間、疲懈而睡。龍法睡時、形縮如蛇、身有文章、七寶雜色。有獵者見之、喜曰、此希有之皮、獻上國王、以爲服飾、必得重賞。遂以杖按其頭、刀剝其皮。龍醒自念、以我

力能傾覆此國，易如反掌，獵人小物，何能困我。但我今者值持戒日，當從佛語，以戒爲重，不計己身。於是自忍，目不開視，閉氣不出，憐愍獵人，安心受剝，不生悔意。皮既被剝，赤肉在地，即有諸蟲來食其肉。時大炎熱，極受苦惱，欲趣水中以自存活。因持戒故，恐傷諸蟲，不復敢動。自思念言，今我以肉施彼諸蟲，以充其身，後成佛時，當以法施而益其心。如是誓已，身壞命終，即生第二忉利天上。爾時毒龍，釋迦文佛是也。爾時獵人，提婆達多與六師等是也。彼諸小蟲，釋迦文佛初轉法輪，八萬諸天得度者是。菩薩護戒，不惜身命，決定無悔，是名尸波羅密。

△優婆塞戒經　善男子，有智之人既受戒已，當觀三事不作惡行，一者自爲，二者爲世，三者爲法。云何自爲。我自證知此是惡事，知作惡業得如是果，知作善業得如是果，所作惡業無有虛妄，決定還得諸惡之果，所作善業亦無虛妄，決定還得諸善之果。若是二業無虛妄者，我今云何而自欺誑，以是因緣，我受戒已不應毀犯，當至心持，是名自爲。云何爲世。有智者觀見世間之人，有得清淨天耳天眼及他心智，我若作惡，是人必當見聞知我。若見聞知，我當云何不生慚愧而作惡耶。復觀諸天具足無量福德神足天耳天眼具他心智，遙能見聞，雖近於人，人不能見，若我作惡，如是等天當見聞知。若是天等了了見我，我當云何不生慚愧，故作罪耶。是名爲世。云何爲法，有智之人觀如來法清淨無染，得現在利，能令寂靜度於彼岸，能作解脫，不選時節。我爲是法，故受持戒。我若不能先受小制，云何能得受大制耶。破小制已，增五有苦，若

至心持。增無上樂。我受身來所以未得證解脫者。實由不從過去無量諸佛如來受禁戒故。我今受戒。未來定當值遇恆河沙等諸佛。深觀是已生大憐愍。至心受戒。受已堅持。爲阿耨多羅三藐三菩提。利益無量諸衆生故。

下篇　犯戒門

敎誡第一

△大方廣如來不思議境界經　自於禁戒。淸淨守持。見毀戒者。起大悲愍。不應於彼生嫌恚心。

△菩薩善戒經　旃陀羅等。以及屠兒。雖行惡業。不至破壞如來正法。不必盡墮三惡道中。若爲師不能敎詔弟子令守禁戒。則破佛法。必墮地獄。

△分別經　不明法戒禁要之事。而妄授人戒法。違佛誡信。是爲大罪。

△薩婆多論　何以訶破戒罪重於餘經。以戒是佛法平地。萬善由之生。一切佛弟子皆依之而住。若無戒。則無所依。入佛法泥洹城。是戒爲佛法之瓔珞莊嚴。故毀者罪重。

△五百問經　若經十夏不誦戒者。飮水食飯。坐臥牀席。日日犯盜。

△涅槃經　若有比丘犯禁戒已。憍慢覆藏。不能懺悔。是則名爲眞破戒人。菩薩爲護法故。雖有所犯。不名破戒。

△大集經　佛告諸比丘。若不持戒。當墮三惡道中。尙不得爲下賤人身。況能成熟衆生。

△福蓋正行所集經　持淨戒者。離諸憂怖。得安隱樂。能越苦海。到於彼岸。善破四魔。淸淨歡喜。敎化天人。爲作佛事。破戒之人。無所堪任。如彼破車。不能運載。

△大乘本生心地觀經　入佛法海。信爲根本。渡生死河。戒爲船筏。若人出家。不護禁戒。貪著世樂。毀佛戒寶。如是比丘。不名出家。

△觀心論疏　或正修觀時。破戒心起。三業乖違。犯於戒律。使理觀不開。經云。尸羅不淸淨。三昧不現前。所以加心護持。以爲橋梁。生死大河。方可得度。

△阿難問事佛吉凶經　佛告阿難。有人奉佛。從師受戒。精進不厭。心常歡喜。善神擁護。所向增吉。後必得道。是諸人輩。眞佛弟子。若人事佛。不値明師。不信經敎。違犯正律。不勤禮敬。若有疾病。了不念佛。請求邪神。鬼得其便。令之衰耗。所向不諧。現世罪人。非佛弟子。死入三途。善惡諸事。由人心作。罪福之來。如影隨形。戒行淸德。諸天所護。

△分別功德經　三種人事佛。謂魔弟子事佛。天人事佛。佛弟子事佛。雖受佛戒。心樂邪業。不信正道。不知有罪福之報。假名事佛。常與邪俱。是名魔弟子事佛。受持五戒。至死不犯。信有罪

福常念正法是名天人事佛奉持五戒廣學經法修習智慧知三界苦行於六度不爲邪業是名佛弟子事佛。

△天請問經　少欲最安樂知足大富貴持戒恆端嚴破戒常醜陋。

△像法決疑經　夫出家之人爲求解脫先須離罪以戒爲首若不依戒衆善不生如人無頭諸根亦壞名爲死人。

△遺日摩尼寶經　沙門雖多諷經而不持戒譬如摩尼墮於屎中。

△須摩提長者經　若人作不善好行十惡者心長懷憍慢不敬於三寶懈怠不精進如是諸人等比名之爲死。

△大寶積經　貪心犯戒其罪尙輕若瞋心犯戒其罪甚重何以故因貪犯戒尙攝衆生因瞋犯戒棄捨衆生。

△佛藏經　破戒比丘當於百千萬億劫數割截身肉以償施主若生畜中身常負重所以者何如析一髮爲千億分破戒比丘尙不能消一分供養何況能消多種。

△根本尼陀那　破戒者於僧住處乃至不銷一口之食於伽藍地不容一足。

△如來不思議祕密大乘經　若諸菩薩修持戒行卽得一切勝願圓滿破戒之人諸有惡法如世霜雹毀一切物破壞善法亦復如是。

△大集經　破戒人者．十方諸佛所不護念。雖名比丘．不在僧數．入魔界故。

△涅槃經　若有比丘．雖不共女人和合嘲笑．即壁外聞鐶釧聲．爲破淨戒．汚辱梵行。

△毘奈耶經　比丘有五事不應行。云何爲五。入婬舍家．入大童女家．入寡婦不端者家．入酤酒家．入偷賊家。比丘入者犯重罪。

△入楞伽三昧經　食衆生肉者．即失一切慈心．斷於信根．是故大慧菩薩．爲護衆生信心．戒一切諸肉．悉不應食。何以故。世人食肉．多不信三寶．殺啖衆生．如惡羅刹．斷我法輪．滅絕聖種。一切不善．由食肉起、故佛弟子．乃至不應生食肉想．何況食噉。

△方等經　華聚菩薩言．五逆四重之罪．我亦能救。唯盜僧物．我不能救。

△大報恩經　佛告阿難．人生世間．禍從口出。當護於口、甚於猛火。猛火熾然．燒世間財．惡口熾然燒七聖財。

△迦葉禁戒經　比丘有二事墮地獄中。一者誹謗經道。二者毀傷經戒。

△瓔珞經　若破十戒．不知悔過．入波羅夷十劫中．每日受八萬四千罪苦．破三賢十聖位．乃至覺地。一切皆失是故此戒．是一切佛一切菩薩行之根本。若不由此十戒法門得聖賢果者．無有是處。

△法滅盡經　後世法欲滅時．魔作沙門．壞亂道法．誹謗聖賢．廣行不善．不修戒律．不誦經典．

殺盜婬亂。不作福德。此魔比丘。命終當墮無間地獄。餓鬼畜生。靡不經歷。恆河沙劫。罪盡後出。生在邊國。無三寶處。

△八師經　佛告梵志曰。犯戒婬人婦女。或爲王法捕治。身自當罪。死入地獄。臥於鐵牀。或抱銅柱。地獄罪畢。當受畜生道。

△阿含經　犯戒有五衰耗。一者所願不遂。二者設有所得。日當衰耗。三者身所至處。衆不愛敬。四者醜名惡聲。流聞天下。五者身壞命終。當入地獄。

△毘尼母經　比丘受人布施。不如法爲施所墮。墮有二種。一者食他人施。不如法修道。縱逸無善可記。二者與施轉施。施不如法。因此二處。當墮三塗。

△四分律　破戒有五過。一、自害。毀戒之人。身口意業。悉皆不淨。常受貧窮。善神遠離。二、爲智所訶。毀戒之人。諸善比丘。皆悉訶責。而常畏避。如惡死屍。三、惡名流布。毀戒之人。三業不淨。與不善人共住。善人不喜見。不善之名。聞於遠近。四、臨終生悔。毀戒之人。老死臨期。惡境現前。追悔無及。五、死墮惡道。毀戒之人。旣虧梵行。全無善因。福盡苦至。卽墮惡道。

△大寶積經　出家之人。有四種微細煩惱。如負重擔。入於地獄。一者見他得利。心生嫉妬。二者聞經禁戒。而反毀犯。三者違反佛語。覆藏不悔。四者自知犯戒。受他信施。

△大寶積經　佛告迦葉。當來世中。有愚癡人。著聖人衣。似像沙門。入於村邑。有信心婆羅門

長者居士見被法服，謂爲沙門，皆共尊重供養。彼愚癡人，因袈裟故，而得供養，便生歡喜。身壞命終，墮大地獄，大熱鐵鍱，以爲衣服，吞噉鐵丸，坐熱鐵牀。

△大寶積經　妄語之人，口氣常臭，入苦惡道，無能救者。當知妄語爲諸惡本，毀清淨戒，死入三途。

△大乘同性經　佛告楞伽王曰：若有衆生，於我法中，得出家已，受於戒法，作諸毀犯，是癡人輩，多墮惡道。如治生人，在大海中，船舶破壞，沒命於水。

△五分律　令人遠離毘尼，不讀不誦，而毀呰者，波逸提罪。令波羅提木叉不得久住，而毀呰者，偷蘭遮罪。毀呰諸經，亦如是。毀呰餘四衆，及在家二衆戒，突吉羅罪。比丘尼毀呰二部戒，波逸提罪。毀餘五衆戒，突吉羅罪。

業報第二

△餓鬼報應經　尊者目連，佛弟子中神通第一，洞見六道報應，善惡不爽。時恆水邊，有一鬼問尊者言：我舉身潰爛，苦不堪忍，何罪所致？尊者答言：汝爲人時，喜啗諸肉，殺害衆生，今受華報，果報在地獄。一鬼常患頭痛，男根潰敗，問言：是何罪報？尊者言：汝爲人時，於塔廟清淨之地而行邪婬，今受此報。一鬼常在不淨中，噉食穢物，臭惱纏身，問因何故？尊者曰：汝生爲婆羅門，不信佛法，嘗以穢食施持戒沙門，以是因緣，受此臭惱苦報。

△阿含經　目連尊者告勒叉那比丘言，我見一大身衆生，其舌長廣，有利斧砍之。又見一衆生，有雙鐵輪在兩脅燒然，痛苦迫切，號呼而行。比丘問佛。佛言彼利斧砍舌者，係迦葉佛法中出家沙彌，因盜食僧蜜。彼雙鐵輪在脅下者，亦係迦葉佛法中作沙彌，因盜取僧餅著於脅下。緣斯罪故，致受慘苦。

△大集經　有盲龍女，口中膖爛，滿諸雜蟲，狀如屎尿，種種噬食，膿血流出，身中爲諸毒蠅所咬。佛以悲心，愍彼盲龍，問言，妹何緣得此惡身。龍女答言，我今身苦，無暫時停，爲我於往劫毘婆尸佛法中作比丘尼，思念欲事，於伽藍內犯非梵行。又貪求他物，多受信施，故於九十一劫受三惡道苦。願大悲世尊救濟於我。爾時世尊以手掬水，灑龍女身，一切臭惡皆除，眼亦明淨。龍女向佛求受三皈。佛以慈心，授與三皈依法。

△楞嚴經　寶蓮香比丘尼持菩薩戒，私行婬欲，妄言行婬，非殺非偷，無有業報，發是語已，先於女根生大猛火，後於節節猛火燒然，墮無閒獄。

△師子月佛本生經　蓮華比丘多與國王長者居士而爲親友，邪命諂曲，不持戒行。身壞命終，以誑惑故，落阿鼻大地獄中。

△正念處經　若邪行人不善觀察，犯非法婬，或在浮圖，或近浮圖。惡業因緣，命終墮大地獄，受大苦惱，常有鐵蟻惡蟲，噉肉飲血，食其五臟，食已復生，經無量歲，常被燒煑。罪業盡後，生於

人中·貧窮下賤·受餘殘果。 若比丘尼行不淨行·毀破禁戒·及諸人犯彼比丘尼。以是惡緣·墮大地獄·受大苦惱·大火普燒·眼出火淚·即燒其身·如是百千年中極苦報盡。若生人中·常染惡疾·舉身焦枯·受餘殘果報· 若沙門憶在俗時·習近婦女·雖爲比丘·心猶貪著·不修梵行·多貪衣食·命終墮大地獄·中火甕熱炎·徧燒其身。以破戒口食人信施·故燒其舌·以犯戒眼看不正色·故燒其眼。以不護戒聽女婬聲·故熱鐵汁滴其耳中。以犯禁戒取僧香熏·故燒其鼻。如是無量百千年歲·常被燒煮·受苦果報。 若人取衆僧物販賣·利己貪心·妄語欺誑衆僧·惡緣命終·墮叫喚大地獄·鐵狗齧食·鐵鉗拔舌·入火地獄·受極惡苦。 若人於持淨戒行童女·善比丘尼·以邪見妄語壞彼戒行。以是惡業因緣·死墮大焦熱大地獄·刀火蟲毒·受極苦報·歷無量劫·無有出期。 若毀犯清淨優婆夷戒·墮焦熱獄·熾火所燒。餘報畜生·爲人吞噉。 若毀犯淨行沙彌戒者·墮焦熱獄·身徧生毛·以鉗拔之·火即碎燒·身裂心破·極苦報盡。若生人中·四千世不能男。 若毀犯淨行沙彌尼戒·墮焦熱獄·雨火沙處·大火充滿·金剛沙火·沒罪人身·骨肉燒盡·盡已復生。如是窮劫·報生人中·永不能男。

△護口經 有一餓鬼·形狀醜惡·身出火燄·口出蛆蟲·膿血臭穢·舉聲號哭·東西馳走·時滿足羅漢問餓鬼曰·汝宿何罪·今受此苦。答曰·吾往昔時·曾作沙門·戀著貪財·慳貪不捨·不護威儀·出言麤惡·若見持戒精進之人·輒復罵辱·偏眼惡視·自恃豪强·造無量罪。而今追念·悔之無及。

尊者還閻浮提，以我形狀，誡諸比丘，善護口過，勿出妄語。

△因緣僧護經　有一肉甕，盡皆火然，熱疼難忍。是迦葉佛時僧中上座，不能禪誦，不解戒律，飽食熟睡，但能輪說無益之語。以是因緣，化大肉甕。火燒受苦。

△大集經　若有衆生，於過去世，或毀於法，或謗聖人，於說法者，或作障礙，或鈔寫經法洗脫文字，或損壞他法，或暗藏他法，由此業緣，今得盲報。

△賢愚因緣經　舍利弗見一餓狗，攣躃在地，遂以所乞鉢食，慈心施與，並為說法。狗聞法故，命終後託生舍衛國婆羅門家為子，名均提，出家為舍利弗弟子。聞種種法，心開意解，堅持禁戒，得阿羅漢道。證知前身曾墮餓狗，益事精進。阿難問佛，此人昔作何惡，受餓狗身，今造何善，而證道果。佛言，此人乃過去世迦葉佛時，為比丘，年少音雅，善於經唄，亦持戒律。見一老比丘誦經聲音濁鈍，便罵之曰，汝今長老，聲如狗吠。後知年老比丘已得道果，乃驚怖自責，向老比丘懺悔過咎。由其惡言，五百世中，常受狗身。由其出家持戒，今得見我，聞法解脫。

△賢愚因緣經　佛世有人，捕得一魚，百頭，衆人怪而問佛，佛往魚所，問魚曰，汝是迦毘梨不。魚應曰是，佛曰，汝之母今在何處，答曰，墮阿鼻獄，阿難問故，佛曰，過去劫迦葉佛時，有婆羅門子迦毘梨，聰達多聞，與沙門論義不勝，母教之曰，可辱罵之，其子以後論義不勝，即罵言汝等沙門，愚騃無識，頭如獸頭，百獸之頭，無不比之。今受魚身，報有百頭。其母教子無義，辱罵沙門，

故報在地獄。以是因緣．身口意業．不可不愼。

△佛說戒消災經　佛見惡水中一蟲．其形似人。阿難問佛．此蟲先世造何業行．生此水中。佛言．是過去佛像法中僧坊維那．嫌客僧來多．心生瞋恚．隱匿檀越所送酥油。客僧向索．維那不護口戒．罵言汝何不噉屎尿也。云何從我索酥。因此訶罵衆僧．於無量世墮此惡水中。

△大智度論　昔有沙彌．貪食乳酪．其心時常戀著酪味．思念不離．命終墮爲酪瓶中蟲。沙彌之師．得羅漢果。値僧分酪時．其師言．汝等食酪．莫傷酪中沙彌。僧言此是蟲．何言沙彌。答曰此蟲生前是我沙彌．不守戒．心貪愛酪味．隨念墮爲酪瓶中蟲。

△因果經　昔目連尊者．攜增福比丘入海。行次見一大樹．多蟲圍唼其身．叫喚震動。增福問目連。目連曰．此樹是昔營事比丘．濫用常住物．及以華果飲食．餉送白衣。犯戒．令受此報。唼樹諸蟲．多彼時濫食常住物之人也。

△佛藏經　佛在王舍城．東南有一池水．屎尿汚穢．盡入其中．臭不可近。有一大蟲生此水中．宛轉低昂．不堪其苦。阿難見之．問佛本末。佛言．昔維衞佛時．有數百商人入海採寶．還過塔寺．見寺中數百比丘．精勤行道．欣然共議．福田難遇．當設薄供。人捨一珠．寄交寺主．分給各僧．以伸供養。寺主貪心不善．乃獨取之．不爲設供。衆僧問言．賈客施珠．應當設供。寺主答曰．賈客之珠．是專施我。汝欲奪取．有糞與汝。衆僧念其貪癡．不守戒行．默然各去。緣是罪惡．受此蟲身．復

有衆生・破佛禁戒・虛食信施・誹謗邪見・不識因果・斷學般若・慢十方佛・偷常住物・起諸穢污不清淨行・不知慚愧・造衆惡事。此人罪報・臨命終時・風刀解體・偃臥不定・如被楚撻・其心荒越・墮於地獄・受種種苦・經千萬劫。罪滿命終・生畜生中・復千萬歲。罪畢得生人中・盲聾瘖瘂・疥癩癰疽・貧窮下賤・經五百身。後復還生餓鬼道中・遇善知識・諸大菩薩・呵責其非・勸令應當發慈悲心・稱南無佛・承佛恩力・拔除苦惱・轉生善處。如華光比丘・善說法要・有一弟子・恆懷憍慢。於所說法・都不信受・即作是言・我師和尚・空無智慧・但能讚歎虛空之事・願我後生・不復見此。於是法說非法・非法說法・雖知持戒・以謬解故・命終之後・如射箭頃・墮於地獄中。

△佛藏經　目連尊者・遊恆水邊・有一餓鬼・問目連云・我一生恆抱饑渴・欲至廁中取糞噉之・廁上有大力鬼・以杖打我・初不得近・何惡所致。目連答言・汝爲人時・作佛圖主・有客比丘來寺乞食・而汝無道・慳惜不與・以是因緣・獲斯罪苦・今受華報・果在地獄。復有一鬼・問目連言・我常肩上有大銅瓶・盛滿洋銅・還自灌頂・痛苦難忍・何罪所致・目連答言・汝爲人時・作寺維那・寺有瓶酥・藏匿暗處・不食衆僧。酥是招提之物・一切有分。緣汝無道・慳惜衆物・以是因緣・故獲斯罪。

△佛告鬱頭藍弗之弟子須跋陀言・汝師鬱頭藍弗・利根聰明・能伏煩惱・於山中坐禪習定・因聞鳥聲嘈雜・不靜・乃還至水邊。又聞魚跳動擾・因發瞋心・曰終必盡殺魚鳥。後捨人壽・昇無色界非非想天。及天壽命終・因瞋心未化・宿業報熟・還墮畜生道中・受飛貍之身・噉食魚鳥。此條經名待考

△羅雲忍辱經　羅雲至一不信佛法婆羅門家乞食。不與・反打羅雲頭破血出・復撮沙納鉢中。羅雲含忍・走至河邊濯頭洗鉢・還白於佛。佛言惡心之興・善心衰薄・勿與較也。婆羅門於命終後・墮無間地獄・受苦億劫・復墮蟒身・常食沙土。由以瞋恚打持戒人・故受毒身。以沙投鉢・故世食沙土。惡業果報・非人使然。

△護淨經　佛共阿難行・見一池・周圍深廣・池中有蟲・形如蚪蚪・狀黑如墨。佛語阿難・此池中蟲・是世界內無戒衆僧・輕心慢心・以不淨飲食給諸僧衆・墮此臭穢糞屎之中・常食不淨。罪滿轉生貧窮賤人・常受饑寒。

△罪福報應經　爲人長壽・無有疾病・身體强壯・從持戒中來。喜殺生者・後生水上浮游蟲・朝生暮死。喜偷盜人財物者・後生牛馬奴婢中・償其宿債。喜婬婦女者・死入地獄・男抱銅柱・女臥鐵牀・出生爲人・墮鷄鴨中。喜作妄語傳人惡者・入地獄中・洋銅灌口・拔出其舌・以牛犂之・出生墮惡聲鳥鵂鶹鸜鴿中。喜飲酒醉・犯三十六失・後墮沸屎泥犂中・出生墮猩猩中・後爲人癡頑無所知。爲人豪貴・國王長者・從禮事三寶中來。爲人卑賤・不禮三寶故。爲人瘖瘂・謗毀三寶故。爲人聾盲・不聽信經法故。聞好言善語・心不樂聞・於中鬧語・亂人聽受經法者・後報爲耽耳狗。

△譬喻經　迦葉佛時・有兄弟二人・俱爲沙門。兄持戒坐禪・一心求道・而輕布施・弟布施修福・而嘗破戒。兄從佛出家・得羅漢果・衣食緣薄・常乏。弟布施修福・生大力象中・能陣戰卻敵・國王

所重瓔珞飲食常充其身時兄得神通知象是弟詣象問言我昔與汝俱有罪也象聞語已即識宿命憂悔不食國王知之詢問其兄具以實告王即感悟乃受皈戒並廣布施

△百緣經　世尊告諸比丘曰此賢劫中迦葉佛時波羅奈國有一長者受持五戒乃復毀犯後生鸚鵡中

△正法念處經　諸天報滿命終時若先世有偷盜業爾時見諸天女奪其所著莊嚴之具奉餘天子若先世有妄語業聞諸天女所說生顛倒解謂其惡罵若先世以酒施持戒人或破戒而自飲酒臨終迷亂失其正念墮於地獄若先世有殺生業壽命短促疾速命終若先世有邪婬業見諸天女皆悉捨己共餘天子互相娛樂是則名為五衰相也

△譬喻經　昔有優婆塞受持五戒一日因渴見器中清酒如水取而飲之遂犯酒戒移時酒性發動心識昏亂有鄰雞來舍即起盜心捕殺烹噉復犯殺盜戒鄰女來尋雞乘醉亂之更犯婬戒女家憤怒訟於官質對狡諱又犯妄語戒如是五戒皆因酒而犯酒之害其大歟

△優婆塞戒經　支提國有惡龍身出烟火雨雹雷電傷人害物有莎伽陀羅漢比丘即往龍所入火光三昧以神通力示現種種降此惡龍皈依三寶莎伽陀後因乞食遇一信心女人為辦乳糜以清酒和之持奉供養伽陀不覺食已為說法而去歸至途中酒勢發作昏醉倒地全失威儀佛知其事率諸弟子至伽陀醉臥處語諸人曰此莎伽陀比丘顯大神通降伏惡龍今

醉至此・尚能折伏蝦蟇不。聖人飲酒・尚如是失・何況凡夫。以後凡我弟子・滴酒不得入口。

△犯戒罪輕重經　佛告目連云・若比丘比丘尼犯衆學戒・如四天王壽五百歲墮泥犁地獄中・於人間數九百千歲。犯波羅提提舍尼・如三十三天壽千歲墮地獄中・於人間數三億六十千歲。犯波逸提・如燄摩天壽二千歲墮地獄中・於人間數二十四億四十千歲。犯偷蘭遮・如兜率天壽四千歲墮地獄中・於人間數五十億六十千歲。犯僧伽婆尸沙・如不憍樂天八千歲墮地獄中・於人間數二百三十億四十千歲。犯波羅夷・如他化自在天壽十六千歲墮地獄中・於人間數九百二十一億六十千歲。

△薩遮尼犍子經　若有齋戒沙門・或破戒僧・國王大臣如不重念三寶・將其繫閉毆打・或令還俗・或斷其命。犯如是罪・定招惡報。諸仙聖人皆去其國・大力諸神不護其國・人民犯順・水旱不調・劫賊縱橫・饑饉疫癘・災異迭見。不知自作・而反怨天。

懺悔第三

△華嚴經普賢行願品　菩薩自念・我於過去無始劫中・由貪嗔癡・發身口意・作諸惡業・無量無邊。若此惡業有體相者・盡虛空界不能容受。我今悉以清淨三業・徧於法界極微塵剎一切諸佛菩薩衆前・誠心懺悔・後不復造・恆住淨戒一切功德。

△涅槃經　本所受戒・設有所犯・卽應懺悔・悔已清淨。

△涅槃經　今世惡業成就．或因貪欲瞋恚愚癡．應墮地獄．受其罪報。是人若能悔悟．修心修身．修戒修慧。所得重罪．現世輕受．不墮地獄。

△涅槃經　發露悔過．不覆不藏．罪則微薄消滅。

△占察善惡業報經　未來衆生欲度生死．發心修習禪定智慧．多爲宿世惡業所障．宜先修懺悔之法。以宿世惡心猛利．以至今生必多造不善．毀犯禁戒。若不懺悔清淨．而修禪定智慧．必多障礙。若戒根清淨．則諸障自消。

△釋禪波羅密次第法門　若人持戒無決定心．或值遇惡緣．卽便破毀．以戒破故．則尸羅不淨．三昧不生．譬如衣有垢膩．不受染色．是故急須懺悔。以懺悔故．則戒品還淨．三昧可生．如衣垢汚浣之清潔．染之卽受色矣。行者思之。（以上說理．以下事證）

△師子月佛本生經　過去然燈世．有比丘於山澤中修行佛法．得阿羅漢果．時空澤中有一獼猴．每盼比丘入定．卽取袈裟披身．效比丘行．比丘從禪定起．語獼猴言．汝今既披袈裟．應發無上道心。獼猴聞已．作禮．比丘卽爲說三皈五戒．並與出罪懺悔。獼猴卽起合掌歡喜白言．大德．我今皈依佛法僧．奉持五戒．願求懺悔。如是三說已．竟踴躍歡喜．走上高山．緣樹跳舞．墜地而死。由受皈戒．故破畜生業．卽生兜率天上．值遇一生補處菩薩．聞法證果．得宿命通．乃知己身於往劫寶慧如來像法中．曾爲比丘．名蓮華藏．邪命諂曲．不持戒行．身壞命終．墮地獄中．及

爲畜生、累劫受苦。因前曾經供養持戒比丘、今遇羅漢、獲斯解脫。

△最妙初教經　昔有比丘欣慶、犯四重禁、後知猛省、趨至僧堂、九十九夜懺悔自責。遇善知識、諭之曰、犯戒發露、懺悔痛改、罪可消滅、戒根復生。如移樹他處、可生長、亦得成樹、破戒懺悔、亦復如是。欣慶乃心生慚愧、益加勤、持苦行七年、仍完戒品、得成道果。同時犯戒者聞之、皆慚愧懺悔、戒根復還。

△大灌頂經　昔迦羅奈國有婆羅門子、名執持、從佛受三皈五戒。後因戒多禁制、遂悔不持、向佛還戒。佛即默然。即有諸惡鬼神、椎頭鉤舌、裂噉其肉、又有自然之火、焚燒其身。執持痛苦戰掉、求生不得、求死不得、向佛乞哀。佛言、是汝自心悔戒所感、當咎阿誰。執持悔改、復持皈戒、不再違犯、身火鬼神皆滅、得法眼淨。

△百緣經　舍衞國有財富長者、名若達多、覩佛相好、求佛出家、罔持淨戒、貪愛衣鉢、身後命終、墮爲餓鬼、焦身醜貌、常守衣鉢、貪戀不離、人不敢近。後得値佛、呵責慳貪過咎、爲說淨法。鬼聞意解、深生慚愧、捨諸貪著、脫離醜身。

△經律異相　佛世時、有兄弟五人、父教持戒、大兄獨不肯。有相師謂之曰、汝十三日後當死。其人大怖、求救於佛。佛曰、汝有宿怨、當來取汝。汝若欲免、宜持五戒、然燈設供、過十三日、乃可得脫。其人即受皈戒、朝夕然燈、禮懺誦戒、時稱南無佛、歸命佛。至十三日夜、見有二鬼、住百步

外，不敢近身。聞二鬼相謂曰，其人所誦是何語句，稱南無佛歸命佛，我今聞聲頭痛欲破，即相與避去。其人得安，遂終身持戒不懈。

△嗟韈曩法天子受三皈依免惡道經　有一天子名嗟韈曩法天，報將終，以宿業故，命終之後，將墮閻浮提受猪身。悲哀愁憂，帝釋天主告言，汝可誠心皈依三寶。嗟韈曩法天子即作念言，我今受持皈戒，受皈戒已，心不間斷，以至命終，不受猪身，復生兜率陀天。

△折伏羅漢經　忉利天宮有一天人，壽命垂盡，五種衰相已現，自知命終之後，當生鳩夷那渴國疥癩母猪腹中作豚。愁懼不知所為，有一天人告曰，今佛在此，為母說法，何不往求，即到佛所，稽顙投誠，佛授皈戒，遂如佛教，精誠七日，天人壽盡，下生維耶離國，作長者子。七日功行，遂免猪身。

△賢愚因緣經　阿棃提國一長者，有賤婢，常受鞭撻，一日持瓶詣河取水，舉聲大哭。尊者迦旃延走至，詢得其情，因憐而告之曰，汝厭貧賤，何不賣卻。婢曰，貧賤如何可賣。尊者曰，汝當發歡喜心，洗瓶取淨水施僧，即可得福。婢意開悟，遂如所教，取水奉施，而尊者受之，即授以三皈五戒，並令念佛。不久婢遂命終，主人投其尸於寒林。因信心行施持戒，尊者遂感報生忉利天。遙見故身，即來寒林，散華尸上。見者欽羨。

△雜寶藏經　佛弟難陀，身雖隨佛出家，而恆思其婦。一日佛將難陀至忉利天上，難陀覩一

天宮有五百天女，無有天主。難陀問言，此中何無天主。天女答曰，佛弟難陀，以出家故，後當生此，爲我天主。難陀答言，卽我身是，便欲留住。天女言，汝今且還，捨人壽後，方生此間。佛復將難陀至於地獄，見一湯鑊沸騰，中無罪人，獄卒守待。難陀問故。獄卒答言，佛弟難陀，隨佛出家，後當生天。因不斷婬，常思己婦，天壽命終，墮此鑊獄，常受煎煑，我等待之。難陀驚怖，恐獄卒留難，不禁唱言，南無佛陀，南無佛陀，願救護我。因得出獄。佛語難陀，汝勤持戒，爲修天福，受五欲樂否。難陀答言，不用生天，願無墮此地獄。佛爲說法，一七日中，成阿羅漢。

△大莊嚴論　昔一沙門，與一婆羅門，於空林中坐夏安居。婆羅門苦行持戒。沙門問曰，汝行苦行，爲何所求。答曰，爲求國王。沙門覩其愚癡，心盛難爲說法，只可綏爲乘機引導。後婆羅門得疾，醫師教令食肉方瘥。婆羅門卽請沙門代爲乞肉。沙門卽爲乞得一羊，語曰，汝欲食肉，羊卽是肉。婆羅門恚曰，我持戒法，豈可殺羊而食肉耶。沙門答曰，汝今憐羊，猶不欲殺，後爲國王，廚供烹宰，國行征伐，殺害豈有極耶。既有殺害，終墮地獄。且佛有言，持戒而求人天欲樂，是名破戒。汝善自思惟。婆羅門悔懼曰，仁者明智，善導我心。我近善友，得明邪正。由是持戒清淨，不著有求，速成道果。

△太子慕魄經　往昔波羅奈國王有太子，名曰慕魄，生有無窮之明，過去現在未來，衆事其智無疑。王唯有一子，而年十三，閉口不言，有若瘖人。王后憂爲呼諸梵志，問其所由。對曰，斯爲

不祥。端正不言何益大王。後宮無嗣。豈非彼害哉。法宜生埋之。必有貴嗣。王與后議。以付喪夫。令其生埋。太子臨壙呼曰爾等胡爲。答曰太子瘖聾爲國之害。王命生埋。冀生賢嗣。太子曰爾疾啟王云吾能言。王與后聞心歡稱善。王到已。太子五體投地稽首如禮。王喜諭曰吾有爾來舉國敬愛。當嗣天位。對曰惟願父王哀納微言。兒昔嘗爲斯國王。名曰須念。臨民二十五年。身奉十善。育民以慈。鞭杖衆兵都息不行。囹圄無繫。囚路無怨嗟聲。惠施流布。潤無不周。但以出遊。翼從甚衆。導臣馳騁。黎庶惶懼。終入太山。燒煑割裂。多歷年所。求死不得。呼嗟無救。當爾之時。內有九親。表有臣民。寧知吾在太山地獄。燒煑衆痛無極之苦乎。妻子臣民孰能分取諸苦去乎。惟彼諸毒。其爲無量。每一憶及。心怛骨楚。身爲虛汗。毛爲寒豎。言往禍來。殃追影尋。身雖欲發言。懼復獲咎。太山之苦。難可再更。是以縮舌。都欲無言。而妖師令王生埋吾。懼父王獲太山之咎。勢復一言耳。今欲爲沙門。堅守如來淨戒。覩衆禍之門。不敢復爲王矣。王曰爾爲令君行高德尊。率民以道。過猶絲髮。以之獲罪。酷烈乃如是耶。如吾今爲人王。從心所欲。不奉正法。終當何如乎。即聽學道。王還治國。以正不邪。慕魄守佛禁戒。練情絕欲。志進道眞。遂至得佛。拯濟衆生。以至滅度。佛告諸比丘。時慕魄者。吾身是也。父王者。今白淨王是也。夫榮色邪樂者。燒身之鑪也。淸淨澹泊者。無患之家也。若欲免難離罪者。毋失佛教及毘尼也。

國家圖書館出版品預行編目資料

梵網經菩薩戒本彙解 / 李圓淨編著. -- 初版. -- 新北市：華夏出版有限公司, 2023.03
面； 公分. --（圓明書房；05）
ISBN 978-626-7134-79-5（平裝）
1.CST：律藏

223.11 111021610

圓明書房 005
梵網經菩薩戒本彙解

編 著 李圓淨
印 刷 百通科技股份有限公司
電話：02-86926066 傳真：02-86926016
出 版 華夏出版有限公司
220 新北市板橋區縣民大道 3 段 93 巷 30 弄 25 號 1 樓
電話：02-32343788 傳真：02-22234544
E-mail： pftwsdom@ms7.hinet.net
總 經 銷 貿騰發賣股份有限公司
新北市 235 中和區立德街 136 號 6 樓
電話：02-82275988 傳真：02-82275989
網址：www.namode.com
版 次 2023 年 3 月初版一刷
特 價 新臺幣 520 元（缺頁或破損的書，請寄回更換）

ISBN-13：978-626-7134-79-5

《梵網經菩薩戒本彙解》由佛教出版社同意華夏出版有限公司出版繁體字版